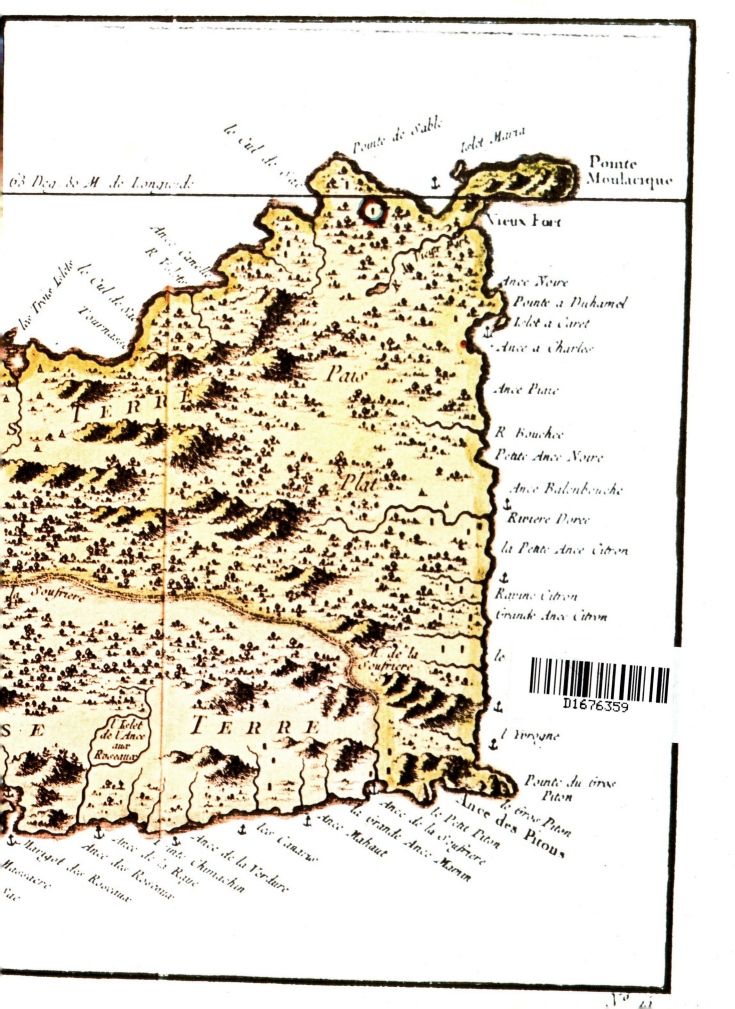

Acknowledgment is made for the assistance of the Saint Lucia Tourism board.

This project was financed by the National Commercial Bank of Saint Lucia.

St Lucia

HISTORY

Within recent times the myth that Christopher Columbus discovered St Lucia in 1502 has been exploded. In fact, all available evidence indicates that Columbus never set foot on St Lucian soil.

However, generations of St Lucians were made to accept that on 13th December 1502 (the feast of St. Lucy), Columbus discovered the island and named it Santa Lucia after the Saint. The fallacy has persisted throughout the ensuing centuries to the extent that up to the present day, 13th December is still observed in the island as "Discovery Day".

Facts which have recently come to light suggest that another famous explorer Juan de la Cosa, probably "discovered" St Lucia in 1499 or 1504. He was the navigator on Columbus' first and second voyages.

Both Columbus and de la Cosa failed to mention sighting land where St Lucia should have been, but the evidence suggests that de la Cosa sailed past St Lucia, while the nearest Columbus came to the island was by sailing around Martinique, a French island some 25 miles away.

The first inhabitants of St Lucia were the Arawaks who arrived between A.D. 200 and 400. They were gradually replaced by the Caribs who first arrived around A.D. 800.

The first attempt to colonise St Lucia took place in 1605 when a ship called the "OLIVE BLOSSOM" landed 67 unfortunate Englishmen in the south of the island. They were attacked by the Caribs and within weeks, the party had been reduced to 19, who promptly left in a canoe. In 1639, another attempt by the English failed.

The French made their bid to colonise the island in 1651 when M. de Parquet, Governor of Martinique, purchased certain lands including St Lucia, which had earlier been claimed by France. In 1659 the great dispute over the island's ownership arose between England and France. Four years later the British launched an attack on the island from Barbados and captured St. Lucia from the French.

In the ensuing 150 years St Lucia changed hands between the English and French 13 times amid some of the bloodiest military and naval conflicts witnessed in the Caribbean. Because of its natural beauty, St Lucia was dubbed "The Helen of the West", a name it is still known by to this day.

In 1814 St Lucia was finally ceded to England but, throughout the seventeenth and eighteenth centuries, the island was French more than 90 percent of the time.

In 1765, the sugar industry was introduced into St Lucia and with it came slaves brought in from the West Coast of Africa. The industry was finally abandoned in 1960.

In 1782, in the last years of the English-French struggle, Admiral George Rodney built his naval headquarters at Pigeon Island, in the north of St Lucia, whence he sailed to meet the French fleet under Admiral de Grasse, delivering a devastating blow to the French in the historic "Battle of the Saints".

In 1791 the effects of the French Revolution were being felt in St Lucia and by 1794 serious problems began to arise, particularly with the decree for the abolition of slavery. Castries, the capital of St Lucia was partly destroyed by fire in 1812. The following year a slave register was established. In 1816 the Privy Council was set up.

Not until 1827 did England's influence begin to make itself felt in St. Lucia, when English commercial law was introduced. In 1832 Executive and Legislative Councils were introduced.

In 1838 St Lucia was included in a Windward Islands Government with headquarters in Barbados. In that year, the French language was officially outlawed, but it was not until 1842 that the English language was established.

The coal industry was established in 1863 when a steamship of the Compagnie Générale Transatlantique called at Port Castries, which was to become a coaling station for nearly 100 years. With its natural sheltered harbour, Castries became the foremost coaling port in the West Indies.

With the growth of this industry, the need for labourers on the estates began to be felt, and around 1882 the first shipment of indentured Indian labourers arrived in the island.

Up to 1838 St Lucia was administered as a separate territorial unit, its Governor being directly responsible to the Colonial Office in England. The island's annexation to the Windward Islands (which then comprised Barbados, Grenada, St Vincent and Tobago) remained in effect until 1959, when the post of Governor of the Windward Islands was abolished.

On January 1, 1960 a new constitution was enacted and St Lucia was once again administered as a separate unit with an Administrator advised by an Executive Council comprising a Chief Minister, four other ministers and the Attorney General.

The Legislative Council at that time consisted of 10 elected members, two nominated members, an attorney general and a speaker.

The next major constitutional development came in March 1967 when St Lucia became an "Associated State", a semi-autonomous form of government under which the island conducted its own domestic affairs while England retained responsibility for defence and foreign affairs. This association remained in force until February 1979 when the British Union Jack was lowered on St. Lucian soil for the last time and the island achieved full independence.

St Lucia is a member of the United Nations, the British Commonwealth of Nations and the Organisation of American States. It has a monarchical constitution, the Queen in England being represented by a Governor General. There is a bi-cameral legislature comprising a 17-member House of Assembly and a Senate of eleven members.

General elections to the House of Assembly are held every five years. In 1969, the voting age was lowered from 21 to 18 years.

HISTORIQUE

La croyance suivant laquelle Christophe Colomb aurait découvert Ste Lucie en 1502 a fait récemment l'objet d'un démenti. En effet, toutes les preuves dont on dispose actuellement nous montrent que Christophe Colomb n'a jamais posé le pied sur le sol de Ste Lucie.

Quoi qu'il en soit, pendant plusieurs générations, les habitants de Ste Lucie ont cru que le 13 décembre 1502 (jour de la Ste Lucie), Colomb découvrit l'île et qu'elle portait le nom de la sainte depuis lors. Cette fausse légende s'est perpétuée au cours des siècles qui suivirent si bien qu'aujourd'hui encore on célèbre le 13 décembre comme jour anniversaire de la découverte de l'île.

D'après certaines données que l'on ne connaît que depuis peu, il semblerait plus probable qu'un autre explorateur, à savoir le célèbre Juan de la Cosa ait "découvert" Ste Lucie en 1499 ou en 1504. Juan de la Cosa avait accompagné Colomb au cours de ses deux premiers voyages.

En tout cas, ni Christophe Colomb, ni de la Cosa n'a déclaré avoir vu une terre qui correspondrait à Ste Lucie; toutefois, certains indices laissent supposer que de la Cosa serait passé au large de l'île tandis que Colomb s'en serait rapproché bien davantage, simplement en contournant la Martinique, île française située à environ 25 miles de là.

Les premiers habitants de Ste Lucie furent les Arawaks qui arrivèrent entre 200 et 400 après J.C. et furent progressivement refoulés par les Caraïbes qui commencèrent à s'installer vers l'an 800.

Les premières tentatives de colonisation de Ste Lucie remontent à 1605, époque où le navire "OLIVE BLOSSOM" débarqua au sud de l'île 67 infortunés Anglais qui furent attaqués par les Caraïbes. En quelques semaines il ne resta plus que 19 survivants qui s'empressèrent de s'enfuir sur un canoë. Une autre tentative anglaise avorta également en 1639.

En 1651, les Français tentèrent de coloniser l'île quand le Gouverneur de la Martinique, M. du Parquet acheta quelques terres, y compris Ste Lucie qui avait été auparavant revendiquée par la France. En 1659 s'engagea alors une grande lutte entre la France et l'Angleterre qui se disputaient la possession de l'île. Quatre ans plus tard, l'Angleterre envahit l'île de la Barbade et arracha Ste Lucie aux Français.

Au cours des 150 ans qui suivirent, Ste Lucie passa successivement aux mains des Français et des Anglais, à 13 reprises, et connut les conflits militaires et navals les plus sanglants que les Caraïbes aient jamais vus. Pour sa beauté naturelle, Ste Lucie a été appelée "The Helen of the West" et on la connaît encore maintenant sous cette appellation.

En 1814, Ste Lucie fut finalement cédée à l'Angleterre mais elle était restée pratiquement française pendant les 17ème et 18ème siècles.

En 1765, Ste Lucie connut l'essor de l'industrie sucrière qui fit affluer les esclaves de la côte occidentale d'Afrique. La production sucrière fut finalement abandonnée en 1960.

En 1782, alors que la lutte entre les Anglais et les Français touchait à sa fin, l'Amiral George Rodney établit son quartier général naval à Pigeon Island, au nord de Ste Lucie, puis se rendit de là à la rencontre de la flotte française commandée par l'Amiral de Grasse, qui subit alors une défaite cuisante à la bataille historique des Saints ("Battle of the Saints").

En 1791, le contrecoup de la Révolution Française se fit sentir à Ste Lucie et dès 1794, il se posa de graves problèmes, en particulier à cause du décret sur l'abolition de l'esclavage. Castries, la capitale de Ste Lucie fut partiellement détruite par un incendie en 1812. L'année suivante, un registre des esclaves fut instauré et le Privy Council fut créé en 1816.

Ce n'est qu'en 1827 que l'influence anglaise commença réellement à se faire sentir à Ste Lucie, avec l'introduction du droit commercial anglais, qui eut pour conséquence la formation des conseils exécutif et législatif (Executive and Legislative Councils).

En 1838, Ste Lucie fut intégrée dans le Gouvernement des Iles du Vent, siégeant à la Barbade. Cette année-là, le français fut officiellement aboli mais en réalité, il ne le fut pas avant 1842, date à laquelle la langue anglaise fut officialisée.

L'industrie charbonnière naquit à Ste Lucie en 1863, avec l'escale au port de Castries d'un bateau à vapeur de la Compagnie Générale Transatlantique. Castries fut alors pendant environ un siècle le centre charbonnier le plus en vue des Indes Occidentales, grâce à la position privilégiée du port.

Avec l'essor industriel, un besoin de main d'oeuvre se fit sentir sur le territoire et c'est aux alentours de 1882 que le premier navire de travailleurs indiens arriva à Ste Lucie.

Jusqu'en 1838, Ste Lucie fut administrée comme un territoire indépendant, ayant son propre gouverneur et restant en liaison directe avec le Colonial Office d'Angleterre. L'annexion de l'île au sein des Iles du Vent (qui comprenaient alors la Barbade, Grenade, St Vincent et Tobago) garda ses effets jusqu'en 1959, année qui vit l'abolition du poste de Gouverneur des Iles du Vent.

Le 1er janvier 1960, une nouvelle constitution fut promulguée et Ste Lucie continua d'être administrée en tant que territoire indépendant, avec son Administrateur, assisté d'un Conseil Exécutif formé d'un premier ministre, de quatre autres ministres et d'un procureur général.

Le Conseil Législatif comprenait alors 10 membres élus, deux membres nommés, un procureur général et un porte-parole.

Mars 1967 fut une autre étape importante dans l'évolution de la constitution : Ste Lucie devint un "état-associé" ("Associated State"), c'est-à-dire qu'elle fut gouvernée de façon semi-autonome, s'occupant elle-même de ses affaires intérieures et ne recourant à l'Angleterre que pour des questions de défense et de politique extérieure. Cette "association" est restée en vigueur jusqu'en février 1979, date à laquelle le drapeau britannique fut abaissé pour la dernière fois sur le sol de Ste Lucie et où l'île obtint son indépendance totale.

Ste Lucie est membre des Nations Unies, du Commonwealth Britannique et de l'Organisation des Etats Américains. Elle a une constitution de type monarchique, la Reine d'Angleterre étant représentée par un Gouverneur Général. Son système bi-caméraliste est composé de 17 membres pour l'Assemblée et de 11 membres pour le Sénat.

Les élections générales à l'Assemblée ont lieu tous les cinq ans. En 1969, l'âge légal de vote est passé de 21 à 18 ans.

HISTORIA

La creencia según la cual fué Cristobal Colón quien descubrió Santa Lucía en 1502 ha sido desmentida recientemente. Efectivamente, todas las pruebas que poseemos en la actualidad nos demuestran que Cristobal Colón nunca pisó el suelo de Santa Lucía.

De cualquier manera, durante varias generaciones los habitantes de Santa Lucía creyeron que el 13 de Diciembre de 1502 (día de Santa Lucía), Colón descubrió la isla a la que dió el nombre de la Santa. Esta falsa leyenda se ha perpetuado a través de los siglos siguientes, de tal manera que todavía hoy se celebra el 13 de Diciembre como el aniversario del descubrimiento de la isla.

Según ciertos datos conocidos desde hace poco, parece más probable que fuese otro explorador, el célebre Juán de la Cosa, el que "descubriese" Santa Lucía en 1499 o en 1504. Juán de la Cosa había acompañado a Colón durante sus dos primeros viajes.

En todo caso, ni Cristobal Colón ni de la Cosa declararon haber visto una tierra que correspondiese a Santa Lucía; sin embargo, algunos indicios hacen suponer que de la Cosa pasó a la altura de la Isla, mientras que Colón se hubiera acercado mucho más, simplemente rodeando La Martinica, isla francesa situada a 25 millas de allí.

Los primeros habitantes de Santa Lucía fueron los Arawaks, que llegaron a la isla entre 200 y 400 después de Jesucristo, siendo progresivamente rechazados por los Caribes, que comenzaron a instalarse hacia el año 800.

Las primeras tentativas de colonización de Santa Lucía remontan a 1605, cuando el barco "OLIVE BLOSSOM" desembarcó en el sur de la isla, 67 desafortunados ingleses, que fueron atacados por los Caribes. Al cabo de algunas semanas no quedaban más que 19 supervivientes que se apresuraron a escapar en una canoa. Otra tentativa inglesa fracasó igualmente en 1639.

En 1651, los franceses intentaron colonizar la isla, cuando el Gobernador de La Martinica, el Sr du Parquet, compró algunas tierras entre las que se incluía Santa Lucía, que anteriormente había sido reivindicada por Francia. En 1659 se entabló una gran lucha entre Francia e Inglaterra, que se disputaban la posesión de la isla. Cuatro años más tarde, Inglaterra invadió la isla de Barbados, arrebatando Santa Lucía a los Franceses.

Durante los 150 años que siguieron, Santa Lucía pasó sucesivamente de manos francesas a inglesas y viceversa en 13 ocasiones, y conoció los conflictos militares y navales más sangrientos que el Caribe haya conocido. Por su belleza natural Santa Lucía fué llamada "The Helen of the west" y todavía hoy se la conoce por dicha denominación.

En 1814, Santa Lucía fué definitivamente cedida a Inglaterra, pero durante los siglos XVII y XVIII había sido casí siempre francesa.

En 1765 Santa Lucía conoció el auge de la industria azucarera, lo que trajo consigo la importación de esclavos desde la costa occidental africana. La producción azucarera fué definitivamente abandonada en 1960.

En 1782, cuando la lucha entre ingleses y franceses llegaba a su fin, el Almirante George Rodney estableció su cuartel general naval en Pigeon Island, al Norte de Santa Lucía, de donde salió al encuentro de la flota francesa, mandada por el Almirante de Grasse, que sufrió una humillante derrota en la histórica batalla de los Santos ("Battle of the Saints").

En 1791, el contragolpe de la Revolución Francesa se hizo sentir en Santa Lucía y, a partir de 1794, se plantearon espinosos problemas, debidos en particular al decreto sobre la abolición de la esclavitud. Castries, la capital de Santa Lucía, fué parcialmente destruida por un incendio en 1812. El año siguiente, se creó un registro de esclavos. En 1816 se creó el Privy Council.

Fué solamente a partir de 1827 que comenzó realmente a hacerse patente la influencia inglesa en Santa Lucía, con la introducción del derecho comercial inglés, que tuvo como consecuencia la formación de los consejos ejecutivo y legislativo (Executive and Legislative Councils).

En 1838 Santa Lucía fué integrada en el Gobierno de las Islas del Viento, con sede en

Barbados. Este mismo año, el francés fué oficialmente abolido, aunque en realidad no lo fué antes de 1842, fecha en la que la lengua inglesa fué oficializada.

La industria carbonera nació en Santa Lucía en 1863, con la escala en el puerto de Castries de un barco de vapor de la Compañía General Trasatlántica. Castries fué entonces durante aproximadamente un siglo el centro carbonero más en boga de las Indias Occidentales, gracias a la posición privilegiada del puerto.

La expansión industrial hizo sentir la necesidad de mano de obra en el territorio y fué hacia 1882 que el primer navío de trabajadores indios llegó a Santa Lucía.

Hasta 1838 Santa Lucía fué administrada como un territorio independiente, con su propio Gobernador y permaneciendo en contacto directo con el "Colonial Office" de Inglaterra. La anexión de la Isla al seno de las Islas del Viento (que comprendían entonces Barbados, Granada, San Vicente y Tobago) fué efectiva hasta 1959, año en el que se abolió el puesto de Gobernador de las Islas del Viento.

El 1 de Enero de 1960 se promulgó una nueva constitución en Santa Lucía, continuando la isla siendo administrada como territorio independiente, con su Administrador, asistido por un Consejo Ejecutivo formado por un primer ministro, cuatro otros ministros y un procurador general.

El Consejo Legislativo comprendía entonces 10 miembros elegidos, dos miembros nombrados, un procurador general y un portavoz.

Marzo de 1967 fué otra etapa importante en la evolución de la Constitución: Santa Lucía se transformó en "estado asociado" (Associated State), lo que significa que era gobernada de manera semiautónoma, ocupándose ella misma de sus propios negocios interiores, no recurriendo a Inglaterra más que para las cuestiones de defensa y de política exterior. Esta "asociación" permaneció vigente hasta febrero de 1979, fecha en la que la bandera británica fué bajada por la última vez en el territorio de Santa Lucía, obteniendo la isla su independencia total.

Santa Lucía es miembro de las Naciones Unidas, del Commonwealth británico y de la Organización de Estados Americanos. Tiene una Constitución de tipo monárquico, estando representada la Reina de Inglaterra por un Gobernador General. Su sistema bicamaralista se compone de 17 miembros en la Asamblea y de 11 en el Senado.

Las elecciones generales de la Asamblea tienen lugar cada cinco años, En 1969, la edad legal del derecho a voto pasó de 21 a 18 años.

GESCHICHTE

Der Glaube demnach Christoph Kolumbus St. Lucia im Jahre 1502 entdeckt hätte, ist kürzlich dementiert worden. Denn alle Beweise, über die wir augenblicklich verfügen, weisen darauf hin, dass Christoph Kolumbus niemals den Boden von St. Lucia betreten hat.

Wie dem auch sei, mehrere Generationen lang haben die Einwohner von St. Lucia geglaubt, dass Kolumbus die Insel am 13. Dezember 1502 (dem Sankt Luciatag) entdeckt hätte, und dass sie seitdem den Namen der Heiligen trug. Im Laufe der Jahrhunderte hat sich diese falsche Legende fest verankert, so dass man auch heute noch den 13. Dezember als den Entdeckungstag der Insel feiert.

Nach den seit einiger Zeit vorliegenden Feststellungen scheint es wohl wahrscheinlicher zu sein, dass ein anderer Entdecker: der berühmte Juan de la Cosa, St. Lucia im Jahre 1499 oder 1504 entdeckt hat. Juan de la Cosa hatte Kolumbus auf seinen ersten beiden Reisen begleitet.

Auf jeden Fall hat weder Christoph Kolumbus noch de la Cosa erklärt, ein Land gesehen zu haben, dass St. Lucia entspräche; doch weisen gewisse Anzeichen darauf hin, dass de la Cosa auf hohem Meer an der Insel vorbeigesegelt ist, während Kolumbus ihr viel näher gekommen ist, als er Martinique, eine französische Insel, umschiffte, die ungefähr 25 Meilen entfernt liegt.

Die ersten Einwhoner von St. Lucia waren die Arawaks, die dort zwischen 200 und 400 n. Chr. eintrafen. Sie wurden dann allmählich von den Kariben vertrieben, die sich dort um das Jahr 800 herum niederliessen.

Die ersten Kolonisierungsversuche von St. Lucia gehen auf das Jahr 1605 zurück, also zu einer Epoche, als das Schiff 'Olive Blossom' im Süden der Insel 67 beklagenswerte Engländer ausschiffte, die von den Kariben angegriffen wurden. Nach einigen Wochen überlebten von ihnen nur noch 19; diese hatten dann nichts eiligeres zu tun als in einem Kanu die Flucht zu ergreifen. Ein anderer englischer Versuch scheiterte im Jahre 1639.

Im Jahre 1651 versuchten die Franzosen die Insel zu kolonisieren, als M. du Parquet, Gouverneur von Martinique dort Land einschliesslich St. Lucia aufkaufte. Auf letzteres hatten die Franzosen schon vorher Anspruch erhoben. Seit 1659 fand ein ständiger Kampf zwischen Frankreich und England statt, die sich den Besitz der Insel streitig machten. Vier Jahre später fiel England in die Insel Barbados ein und entriss den Franzosen St. Lucia.

Im Laufe der 150 folgenden Jahre fiel St. Lucia abwechselnd in die Hände der Franzosen und der Engländer, und das dreizehnmal. Es machte die blutigsten Konflikte zu Wasser und zu Lande mit, die je auf den Kariben stattgefunden haben. Wegen seiner natürlichen Schönheit wurden St. Lucia die 'Schöne Helena des Westens' genannt und noch heute trägt es diese Bezeichnung.

Im Jahre 1814 wurde St. Lucia schliesslich an England abgetreten, aber während des 17. und 18. Jhs. blieb es eigentlich französisch.

Im Jahre 1765 erfolgte in St. Lucia der Aufschwung der Zuckerindustrie. Zu diesem Zeitpunkt wurden dort die Sklaven der afrikanischen Westküste eingeführt. Im Jahre 1960 wurde die Zuckerindustrie dann endgültig aufgegeben.

Im Jahre 1782, als der Kampf zwischen Engländern und Franzosen sich seinem Ende zuneigte, errichtete der Admiral Georges Rodney sein Hauptquartier auf Pidgeon Island, nördlich von St. Lucia. Von dort begab er sich zu dem Ort, wo der Zusammenprall seiner und der von Admiral de Grasse kommandierten französischen Flotte stattfand. Letzterer erlitt dort in der historischen Schlacht der 'Heiligen' (Battle of the Saints) eine schwere Niederlage.

Die Folgen der französischen Revolution machten sich in St. Lucia im Jahre 1791 bemerkbar, und ab 1794 stellten sich dort schwierige Probleme, besonders infolge des Dekrets über die Abschaffung der Sklaverei. Im Jahre 1812 wurde Castries, die Hauptstadt von St. Lucia, zum Teil durch eine Feuersbrunst zerstört. Im folgenden Jahre wurde ein Sklavenregister angelegt und im Jahre 1816 wurde dann der 'Privy Council' geschaffen.

Erst im Jahre 1827 machte sich der englische Einfluss wirklich in St. Lucia geltend und zwar dank der Einführung des englischen Handelsrechts. Das hatte die Bildung des Ausübenden und Gesetzgebenden Rates zur Folge (Executive and legislative Council).

Im Jahre 1838 wurde St. Lucia der Regierung der Inseln im Wind unterstellt, die ihren Sitz in Barbados hatte. In diesem Jahre wurde das Französisch offiziell abgeschafft, doch tatsächlich war das erst im Jahr 1842 der Fall, da zu diesem Datum die englische Sprache offizialisiert wurde.

Die Kohlenindustrie entstand in St. Lucia im Jahre 1863, Jahr in dem ein Dampfer der 'Compagnie Générale Transatlantique' im Hafen von Castries einlief. Castries wurde dann ungefähr ein Jahrhundert lang das Kohlenzentrum Westindiens und das dank der ausgezeichneten Lage seines Hafens.

Mit dem industriellen Aufschwung machte sich auch das Bedürfnis nach Arbeitskräften bemerkbar. Aber erst gegen 1882 traf das erste mit indischen Arbeitern beladene Schiff in St. Lucia ein.

Bis zum Jahre 1838 wurde St. Lucia als unabhängiges Territorium verwaltet. Es hatte seinen eigenen Gouverneur und blieb mit dem englischen 'Colonial Office' in direkter Beziehung. Die Einverleibung der Insel in die Inseln im Wind (zu diesen gehörten damals Barbados, Grenada, Saint Vincent und Tobago) blieb bis zum Jahre 1959 rechtskräftig. In diesem Jahre wurde dann der Gouverneursposten der Inseln über und unter dem Wind abgeschafft.

Am 1. Januar 1960 wurde eine neue Verfassung verkündet, und St. Lucia wurde auch weiterhin als unabhängiges Territorium verwaltet. Es hatte einen Verwalter; diesem stand ein Ausübender Rat zur Seite, dem der Ministerpräsident sowie vier andere Minister und der Staatsanwalt angehörten. Der Gesetzgebende Rat umfasste zehn gewählte Mitglieder, zwei ernannte Mitglieder, einen Staatsanwalt und einen Sprecher.

März 1967 war eine weitere wichtige Etappe für die Entwicklung der Verfassung: St. Lucia wird zu einem 'Teilhaberstaat' (Associated State). D.h., die Insel wurde auf halbautonome Weise verwaltet. Ihr fielen die inneren Angelegenheiten zu, während England die Verteidigung und die Aussenpolitik vorbehalten blieben. Diese 'Teilhabersituation' blieb bis Februar 1979 in Kraft. Zu diesem Datum wurde die britische Flagge zum letzten Mal auf St. Lucia eingeholt und die Insel erhielt ihre vollständige Unabhängigkeit.

St. Lucia ist Mitglied der Vereinten Nationan, des Britischen Commonwealth und der Organisation der Amerikanischen Staaten. Es hatte eine Verfassung von monarchischem Typ: die Königin von England wurde von einem Generalgouverneur repräsentiert. Ihr Zweikammersystem umfasst 17 Mitglieder für die Kammer und 11 Mitglieder für den Senat.

Die allgemeinen Kammerwahlen finden alle 5 Jahre statt. Im Jahre 1969 wurde das gesetzliche Wahlalter von 21 auf 18 Jahre herabgesetzt.

The St. Lucia flag. La bandera de Santa Lucía.
Le drapeau de Ste Lucie. Die Fahne von St. Lucia.

Centuries-old pottery unearthed in St. Lucia.
Céramiques datant de plusieurs siècles, découvertes à Ste Lucie.
Cerámicas de varios siglos de antigüedad, descubiertos en Santa Lucía.
Mehrere Jahrhunderte alte Keramiken, die in St. Lucia entdeckt wurden.

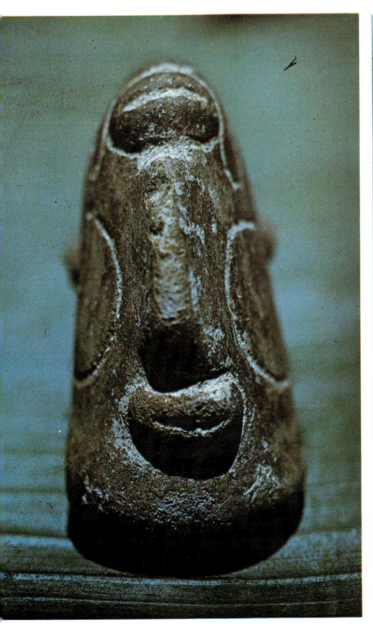

More pottery and a stone carving on display at the St. Lucia Museum.
Autres céramiques et sculpture sur pierre exposées au Musée de Ste Lucie.
Otras cerámicas y escultura de piedra expuestas en el museo de Santa Lucía.
Keramiken und Steinskulptur. Im Museum von St. Lucia ausgestellte Keramiken und Steinskulptur.

Ancient St Lucian coins.
Anciennes monnaies de Ste Lucie.
Monedas antiguas de Santa Lucía.
Vormals in St. Lucia in Umlauf befindliche Geldstücke.

Painting showing estate celebration during the days of slavery.
Tableau représentant une cérémonie à l'époque de l'esclavagisme.
Cuadro que representa una ceremonia de la época de la esclavitud.
Eine Zeremonie zur Sklavenzeit darstellendes Bild.

Ruins of ancient buildings constructed in early colonial times.
Ruines d'anciens bâtiments construits au début de la période du colonialisme.
Ruinas de antiguos edificios construidos al principio del período colonial.
Jetzt in Ruinen liegende zu Anfang der Kolonialzeit erbaute Gebäude.

The Inniskilling Monument on Morne Fortune.
"Inniskilling Monument" à Morne Fortune.
"Inniskilling Monument" en Morne Fortune.
"Inniskilling Monument" in Morne Fortune.

Giant cannon on Pigeon Islet where Admiral Rodney camped.
Canon gigantesque à Pigeon Islet où l'Amiral Rodney avait installé son camp.
Cañon gigantesco en Pigeon Islet, donde el Almirante Rodney había instalado su campamento.
Riesige Kanone in Pigeon Islet, wo der Admiral Rodney sein Lager aufgeschlagen hatte.

Northwestern coastline with Caribbean Sea in the background.
Au fond la mer caraïbe, au premier plan la côte Nord-Ouest.
Litoral del Noroeste, con el Mar Caribe en segundo término.
Im Hintergrund das Karibische Meer. Im Vordergrund die Nordwestküste.

Cricket, one of St Lucia's leading sports.
Le cricket, l'un des principaux sports de Ste Lucie.
El cricket, uno de los principales deportes de Santa Lucía.
Cricket, einer der Lieblingssporte von St. Lucia.

GEOGRAPHY

St Lucia, the second largest of the Windward Islands, lies between the French island of Martinique to the north and St. Vincent to the South in the eastern Caribbean chain. The distances separating it from the two islands is relatively short, 25 and 20 miles respectively.

The island is of volcanic origin, roughly 27 miles long and 14 miles across at its widest part. Its total area is 238 square miles.

It is extremely mountainous. A main ridge runs almost the entire length with lateral spurs running towards the coast. The highest peak is Mt. Gimie (3145 feet), but there are several others between 2000 and 3000 feet.

The most spectacular are Gros Piton and Petit Piton which rise to heights of 2619 and 2461 feet respectively in the town of Soufriere. Near the two Pitons are the island's "drive in" volcano - more properly a solfatara - and mineral springs.

In contrast to the rest of the island, neither the northern nor the southern end of St Lucia is particularly mountainous.

St Lucia has many small rivers. The coastline is very irregular with many bays and coves. Several good sized valleys are used for agriculture.

Though St Lucia is a lush tropical island, its temperature range is generally between 75 and 85 degrees Farenheit (24 to 29 degrees Celsius). With the comfortable north-east to east cooling breezes, the island is naturally air conditioned.

St Lucia has no well-defined wet or dry seasons, though the wettest month is generally July and the driest February. The average annual rainfall in Castries is about 80 inches. In the central and leeward areas, the range is 100 to 145 inches and rain forests exist.

GEOGRAPHIE

Ste Lucie, la deuxième des Iles du Vent pour la superficie est située entre l'île française de la Martinique au nord, et St Vincent, au sud dans l'archipel est des Caraïbes. La distance qui sépare Ste Lucie de ces deux îles est relativement courte : 40 et 32 km respectivement.

L'île est d'origine volcanique, a 43,5 kilomètres de longueur et 22,5 kilomètres de largeur maximale. Sa superficie totale est de 616,5 kilomètres carrés.

L'île est de nature extrêmement montagneuse et abrupte. Une crête principale parcourt pratiquement toute sa longueur, quelques contreforts débordant vers la côte. Le point culminant, le mont Gimie, se trouve à une altitude de 957 mètres; on trouve d'autres monts s'élevant à des altitudes comprises entre 609 et 914 mètres.

Les sommets les plus spectaculaires sont "Gros Piton" et "Petit Piton", qui culminent respectivement à 797 mètres et 750 mètres dans la ville de Soufrière. Les sources minérales se trouvent à proximité des deux "Pitons" dans le volcan accessible de l'île, qui en fait une solfatare.

En revanche, à l'extrême nord ou à l'extrême sud, il n'y a pas beaucoup de montagnes.

Ste Lucie compte de nombreuses rivières, quoi que de moindre importance. La côte est très irrégulière, avec beaucoup de baies et havres. Bon nombre de vastes vallées sont exploitées pour l'agriculture.

Bien que Ste Lucie soit une île tropicale luxuriante, le climat y est tempéré : les températures sont comprises entre 24 et 29 degrés Celsius.

Les brises légères, soufflant du nord-est vers l'est, rafraîchissent naturellement et agréablement l'air.

Ste Lucie ne connaît pas vraiment de saisons dites "sèches" ou "humides", quoique le mois le plus humide soit en général juillet et le plus sec, février. Le débit des précipitations annuelles atteint environ 203,2 mm. Dans les zones centrales et exposées au vent, il tombe entre 254 mm et 367,3 mm de pluies par an : c'est là que l'on trouve les forêts tropicales (rainforests).

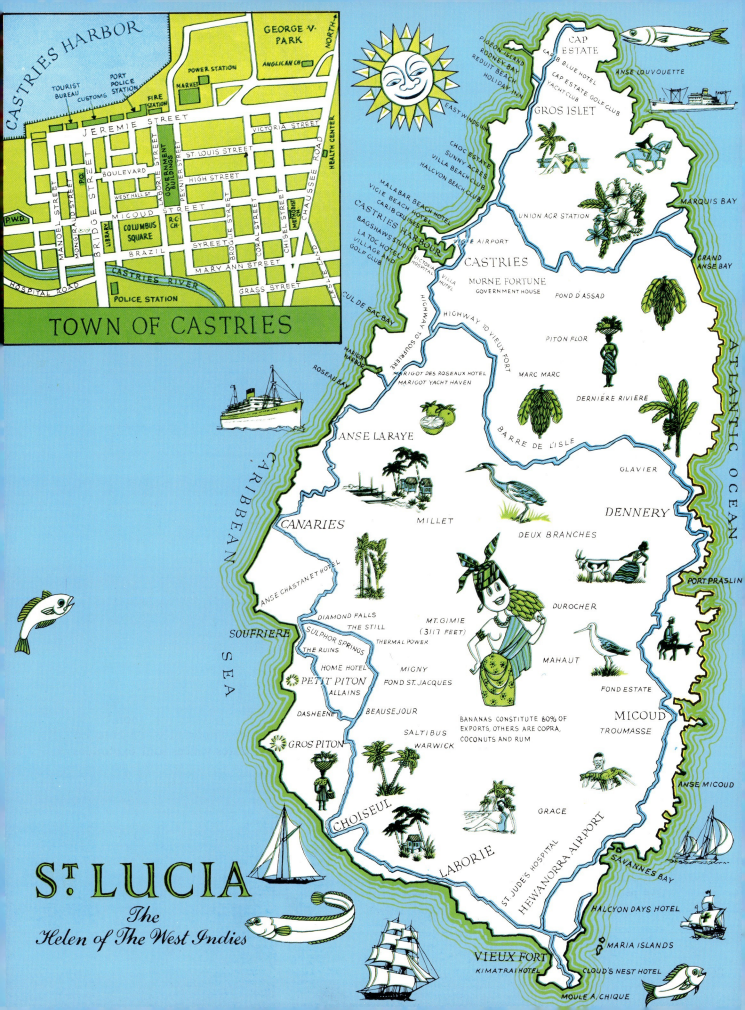

Policeman on duty at entrance to Government House, the official residence of the Governor General.

Policier de garde à l'entrée de la Maison du Gouvernement (Government House), résidence officielle du Gouverneur Général.

Policía de guardia a la entrada de la Casa del Gobierno (Government House), residencia oficial del Gobernador General.

Vor dem Haus der Regierung (Government House) Wache stehende Polizisten; die offizielle Residenz des Generalgouverneurs.

GEOGRAFIA

Santa Lucía, la segunda de las Islas del Viento por su superficie, se halla situada entre la Isla francesa de La Martinica al norte, y San Vicente al sur, en el archipiélago este del Caribe. La distancia que separa Santa Lucía de estas dos islas es relativamente corta: 40 y 32 kilómetros, respectivamente.

La isla es de origen volcánico, tiene 43,5 km de longitud y 22,5 km de anchura máxima. Su superficie total es de 616,5 km^2.

La isla es de carácter muy montañoso y abrupto. Una cordillera principal la atraviesa prácticamente en toda su longitud, con algunas estribaciones que llegan hasta la costa. Su punto culminante, el monte Gimie, tiene una altitud de 957 m; otros picos se elevan a altitudes comprendidas entre 609 y 914 m.

Las cumbres más espectaculares son "Gros Piton" y "Petit Piton", que culminan respectivamente a 797 m y 750 m, en la ciudad de Soufrière. Las fuentes minerales se encuentran en las proximidades de los dos "Pitons" en el volcán accesible de la isla, lo que constituye una solfatara.

En cambio, ni el extremo norte ni el extremo sur de la isla son muy montañosos.

Santa Lucía tiene muchos rios, pero de escasa importancia. La costa es muy irregular, con muchas bahías y ensenadas. Gran número de amplios valles son explotados por la agricultura.

Aunque Santa Lucía es una isla tropical exuberante, su clima es templado: las temperaturas se hallan comprendidas entre 24 y 29 grados Celsio. Las brisas ligeras, que soplan del noreste hacia el este, refrescan el aire de manera natural y agradable.

Santa Lucía no conoce verdaderamente las estaciones llamadas "secas" o "húmedas", aunque el mes más húmedo sea en general Julio y el más seco, Febrero. El caudal de las precipitaciones anuales alcanza aproximadamente 203,2 mm. En las zonas centrales y expuestas al viento, cae entre 254 mm y 367,3 mm de lluvia por año: es allí donde encontramos los bosques tropicales (rainforests).

GEOGRAPHIE

St. Lucia, die die zweitgrösste der Inseln im Wind ist, liegt zwischen der französischen Insel Martinique, im Norden und Saint Vincent, im Süden, im östlichen Archipel der Kariben. Nur ein kurzer Abstand trennt St. Lucia von diesen beiden Inseln: 25, bzw. 20 Meilen.

Die Insel ist vulkanischer Herkunft. Ihre Länge beträgt 43,5 km, ihre grösste Breite 22,5 km. Ihre Oberfläche beträgt 616,5 qkm.

Die Insel ist äusserst bergig und abschüssig. Ein Hauptkamm zieht sich praktisch über ihre ganze Länge hin; einige Ausläufer fallen zur Küste hin ab. Der Gipfelpunkt: der 'Mont Gimie', ist 957 m hoch. Andere Berge gipfeln zwischen 609 und 914 m.

Die eindrucksvollsten Gipfel sind 'Gros Piton' und 'Petit Piton' von 797 und 750m Höhe, in der Stadt Soufrière. Die Mineralquellen befinden sich ganz in der Nähe der beiden 'Pitons', in dem von der Insel her zugänglichen Vulkan, der so zu einer 'Solfatare' wird.

Dagegen ist der äusserste Norden sowie der äusserste Süden der Insel nicht sehr bergig.

In St. Lucia gibt es zahlreiche, wenn auch nicht besonders grosse Flüsse. Die Küste ist sehr unregelmässig, mit zahlreichen grossen und kleinen Buchten. Viele weite Täler werden landwirtschaftlich ausgenützt.

Obwohl St. Lucia eine üppig wuchernde tropische Insel ist, herrscht dort trotzdem ein gemässigtes Klima mit Temperaturen von 24 bis 29°C.

Die sanften Nordostwinde erfrischen die Luft aufs angenehmste. St. Lucia kennt eigentlich keine ausgesprochen trockene oder feuchte Jahreszeit; der feuchteste Monat ist im allgemeinen Juli, und der trockenste, Februar.

Die jährlichen Niederschläger erreichen ungefähr 203,2mm. In den zentralen, dem Wind ausgesetzten Zonen steigen sie auf 254 und 367,3 mm an. Dort befinden sich auch die Urwälder (rain forests - Regenwälder).

Cactus growing on the northern coastline.
Cactus sur la côte Nord.
Cactus en la costa Norte.
Kakteen an der Nordküste.

Entrance to Government House overlooking Castries.
Entrée de la Maison du Gouvernement (Government House) surplombant Castries.
Entrada de la Casa del Gobierno (Government House) dominando Castries.
Eingang zum Hause der Regierung (Government House), das Castries überragt.

The main public library in Castries.
La bibliothèque publique principale de Castries.
La biblioteca pública principal de Castries.
Die grosse öffentliche Bibliothek von Castries.

Mountain ranges surrounding Castries.
Chaîne de montagnes surplombant Castries.
Cordillera montañosa que domina Castries.
Castries überragende Gebirgskette.

Aerial view of northern St. Lucia showing inundated coastline on both sides.
Vue aérienne du nord de Ste Lucie où l'on peut voir les fonds marins des deux côtés de la côte.
Vista aérea del norte de Santa Lucía, donde se pueden distinguir los fondos marinos de ambas partes de la costa.
Luftaufnahme des nördlichen St. Lucia. Auf beiden Seiten der Küste kann man den Meeresgrund erblicken.

Cul de Sac Bay. Nearby an oil transhipment terminal is being built.
"Cul-de-Sac" bay - Terminal pétrolier en construction.
"Cul-de-sac" Bay - Terminal petrolero en construcción.
Die "Sackgassen-Bucht" - In Bau begriffener Erdöl-Terminal.

Traffic confusion in the city.
L'embouteillage dans la ville.
El atasco en la ciudad.
Verkehrsstau in der Stadt.

One of the main streets in Castries.
L'une des principales artères de Castries.
Una de las principales arterias de Castries.
Eine der Hauptstrassen von Castries.

The city of Castries seen from Morne Fortune.
La ville de Castries vue depuis Morne Fortune.
La ciudad de Castries vista desde Morne Fortune.
Die Stadt Castries von Morne Fortune aus gesehen.

Government House (in foreground), tail end of Vigie airport (centre) and part of Vigie.

La Maison du Gouvernement (Government House) en premier plan - vue arrière de l'aéroport de Vigie (au centre) et vue partielle de Vigie.

La Casa del Gobierno (Government House) en primer plano - vista por detrás del aeropuerto de Vigie (en el centro) y vista parcial de Vigie.

Das Haus der Regierung (Government House) im Vordergrund - Der Flughafen von Vigie (in der Mitte) von hinten gesehen und Teilansicht von Vigie.

A busy street in a Castries suburb.
Une rue commerçante dans un faubourg de Castries.
Una calle comercial en un suburbio de Castries.
Eine Geschäftsstrasse in einem Vorort von Castries.

Entrance to Castries Market.
L'entrée du marché de Castries.
La entrada del mercado de Castries.
Eingang zum Markt von Castries.

St. Lucia's strong French influence reflected even in architecture.
Reflets de l'influence française sur l'architecture de Ste Lucie.

Reflejos de la influencia francesa en la arquitectura de Santa Lucía.
Noch französisch beeinflusste Architektur in St. Lucia.

Village Church belfry.
Clocher de l'église du village.
Campanario de la iglesia del pueblo.
Ein Kirchturm im Dorf.

Residential housing surrounded by lush tropical vegetation.
Résidence entourée d'une végétation luxuriante.
Residencia rodeada por una frondosa vegetación.
Eine von üppig wuchernder Vegetation umgebene Residenz.

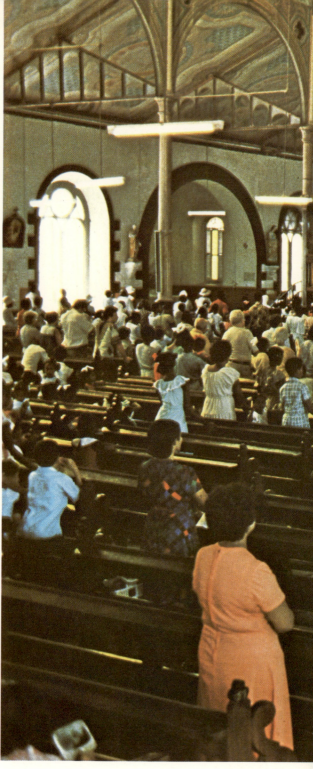

One of St Lucia's major landmarks: the Roman Catholic Cathedral in Castries.
Un des hauts-lieux de rencontre : la Cathédrale catholique de Castries.
Uno de los sitios de reunión más relevantes: la Catedral Católica de Castries.
Ein vielbesuchter Ort: Die katholische Kathedrale von Castries.

TRADITIONS

St Lucia shares a French Creole heritage with such islands as Dominica, Guadeloupe and Martinique. The chief characteristic of that heritage is bilingualism.

The patois, as it is locally called, stems from a French and British colonial domination, which was also Roman Catholic. The country therefore observes all Catholic feast days, as well as African-based festivals and British national holidays.

A rich variety of ethnic material is evident in creole folk dances such as the "belair", "debot" and "a-bwee", while the European influence is seen in the waltz, maypole dance, and lancers; an example of St Lucia's own indigenous music is "la commette".

Folk rituals unique to St Lucia include the "kele" ceremony, the "Devils at Christmas" and the flower festivals of "La Rose" and "La Marguerite". These two festivals pay homage to the rose and marguerite flowers by means of a number of societies spread around the island with a repertoire ranging from the English waltz to the African mapa.

Folklore research is carried out by a team of specialists under the Ministry of Culture. Schools, the mass media, and the recording industry are now revealing ethnic St Lucia material to the public and the use of patois or creole is no longer looked down upon in society.

The field of creative dance has been developing in recent years, and there are now several professional companies.

There have been great improvements in the field of drama thanks mainly to the contribution of twin brothers Derek and Roderick Walcott who helped spearhead the formation of the St Lucia Arts Guild in 1950. Derek is now an internationally acclaimed playwright and poet based in Trinidad.

St Lucia shares another tradition with her sister Caribbean islands: the pre-Lenten festival of Carnival which reaches its climax with two days of carefree revelry leading up to Ash Wednesday, the beginning of Lent.

Other art forms prominent in St Lucia's cultural heritage include the calypso, which originated from the days of slavery but has been chiefly pioneered in the Caribbean by Trinidad and Tobago.

A pair of birds fashioned from a dried coconut shell.
Couple d'oiseaux façonnés dans une coquille de noix de coco séchée.
Pareja de pájaros realizados en una cáscara de coco seca.
Vogelpaar, aus einer getrockneten Kokosnusschale hergestellt.

TRADITIONS

Tout comme certaines îles telles que la Dominique, la Guadeloupe et, la Martinique, Ste Lucie possède un patrimoine créole français, défini tout d'abord par son bilinguisme.

Le patois, comme on l'appelle là-bas, remonte à la domination coloniale de la France, de l'Angleterre et de l'Eglise Catholique. C'est pourquoi on respecte toutes les fêtes catholiques ainsi que les festivités d'origine africaine et on se conforme aux vacances et jours fériés en vigueur en Angleterre.

On retrouve dans des danses folkloriques créoles telles que le "belair", le "debot" et le "a-bwee" une riche variété de sources ethniques et on peut constater l'influence européenne dans la valse, le mai, le quadrille des lanciers et la musique indigène de "la commette", propre à St Lucia.

Parmi les rituels folkloriques typiques dans l'île, on compte la cérémonie du "kele", les "démons de Noël" ("Devils at Christmas") ainsi que les floralies de "La Rose" et "La Marguerite". Par ces deux festivals, plusieurs sociétés regroupées au sein de l'île rendent hommage à la rose et à la marguerite avec un répertoire de festivités allant de la valse anglaise à la "mapa" africaine.

Le Ministère de la Culture, formé d'une équipe de spécialistes, est chargé de s'occuper des recherches en matière de culture populaire. Les services éducatifs, les mass-media et les studios d'enregistrement proposent maintenant au public de faire connaissance avec les traditions de Ste Lucie et le patois ou créole n'est désormais plus considéré comme le parent pauvre au sein de la société.

Ces dernières années ont connu un développement considérable de la danse créative et il existe maintenant plusieurs groupes de professionnels dans ce domaine à Ste Lucie.

En ce qui concerne le théâtre, les frères jumeaux Derek et Roderick Walcott ont permis sa percée dans l'île en promouvant à Ste Lucie la fondation de l'Association Artistique (Arts Guild) en 1950. De nos jours, Derek, qui vit à Trinidad, est un auteur dramatique et un poète éminent dans les milieux internationaux.

Ste Lucie a en commun avec ses consoeurs insulaires des Caraïbes une autre tradition : le festival de Carnaval, avant le Carême, atteint son apothéose avec deux jours de fêtes et réjouissances précédant le Vendredi Saint, jour marquant le début du Carême.

Le calypso est une des autres formes d'expression artistiques de Ste Lucie : il remonte à l'époque de l'esclavagisme mais a été essentiellement inauguré dans les Caraïbes par Trinidad et Tobago.

TRADICIONES

Al igual que otras islas tales como la Dominica, la Guadalupe y la Martinica, Santa Lucía posee un patrimonio criollo francés, definido primeramente por su bilingüismo.

El "patois", como allí se le llama, remonta a la dominación colonial de Francia, de Inglaterra y de la Iglesia Católica. Esta es la razón por la que se celebran todas las fiestas católicas, así como las festividades de origen africano, adoptando las vacaciones y días feriados vigentes en Inglaterra.

Hay en los bailes folklóricos criollos tales como el "belair", el "debot" y el "a-bwee" una rica variedad de fuentes étnicas y se puede constatar la influencia europea en el vals, el mayo, la contradanza de los lanceros y la música índigena de "la cometa", propia de Santa Lucía.

Entre los rituales folklóricos típicos en la isla se halla la ceremonia del "kele", los "demonios de Navidad" (Devils at Christmas), así como las floralias de "La Rosa" y la "Margarita". En estos dos festivales, varias sociedades agrupadas en el seno de la isla rinden homenaje a la rosa y a la margarita con un repertorio de festividades que varían del vals inglés al "mapa" africano.

El Ministerio de la cultura, formado por un equipo de especialistas, se ocupa de las investigaciones en materia de cultura popular. Los servicios educativos, los mass-media y los estudios de grabado proponen ahora al público la posibilidad de conocer las tradiciones de Santa Lucía y el "patois" o criollo no es ya considerado como el pariente pobre en el seno de la sociedad.

En estos últimos años se ha dado un gran desarrollo a la danza creativa y existen ahora varios grupos de profesionales de esta materia en Santa Lucía.

En lo que respecta al teatro, los hermanos gemelos Derek y Roderick Walcott abrieron un camino en Santa Lucía, al promover la fundación de la Asociación Artística (Arts Guild) en 1950. En la actualidad, Derek, que vive en Trinidad, es un autor dramático y un poeta eminente en los medios internacionales.

Santa Lucía tiene otra tradición en común con sus hermanas insulares del Caribe: las fiestas de Carnaval, antes de Cuaresma, alcanzan su apoteosis con dos días de fiestas y regocijos en los días que preceden al Viernes Santo, día en que comienza la Cuaresma.

El calipso es otra de las formas de expresión artística de Santa Lucía: remonta a la época de la esclavitud, pero fué esencialmente inaugurado en el Caribe por Trinidad y Tobago.

TRADITIONEN

Genauso wie gewisse Inseln, z.B. Dominique, Guadeloupe und Martinique, besitzt St. Lucia ein französisch-kreolisches Erbe, das zuerst einmal in seiner Zweisprachigkeit zum Ausdruck kommt.

Der 'Dialekt', wie man ihn dort nennt, geht auf die Kolonialherrschaft Frankreichs, Englands und der Katholischen Kirche zurück. Deshalb hält man alle katholischen Festtage ein sowie die Festlichkeiten afrikanischen Ursprungs, und man befolgt die Ferien und Feiertage, die in England Kurs haben.

Man findet in den folklorischen kreolischen Tänzen, wie dem 'Belair', dem 'Debot' und dem 'A-bwee' eine reichhaltige Varietät ethnischer Quellen und man kann den europäischen Einfluss im Walzer, dem 'Mai', der Quadrille und der Eingeborenenmusik der 'Commette' feststellen; letztere wird in St. Lucia getanzt.

Zum typischen Folklorerituel der Insel zählt die Zeremonie des 'Kele', die 'Weihnachtsdämonen' (Devils at Christmas) sowie die Blumenfeste der 'Rose' und der 'Gänseblume'. In diesen beiden Festspielen huldigen mehrere, auf der Insel tätige Gesellschaften der Rose und der Gänseblume, indem sie bei den Festlichkeiten Vorführungen veranstalten, die vom englischen Walzer bis zur afrikanischen 'Mapa' gehen.

Dem aus Spezialisten gebildeten Kulturministerium ist die Aufgabe übertragen worden, Nachforschungen über Volkskultur anzustellen. Die Amtsstellen für Erziehungswesen, die Massenmedien und die Aufnahmestudios weihen jetzt das Publikum in die Traditionen von St. Lucia ein; der kreolische Dialekt wird nicht mehr wie ein armer Verwandter der Gesellschaft behandelt.

In den letzten Jahren hat eine beachtliche Entwicklung im schöpferischen Tanz stattgefunden, und es bestehen jetzt in St. Lucia mehrere profesionelle Tanzgruppen.

Was das Theater anbetrifft, so kann man die Zwillingsbrüder Derek und Roderick Walcott auf der Insel als Vorläufer betrachten. Sie haben in St. Lucia im Jahre 1950 den Künstlerverein (Art's Guild) gegründet. Heutzutage ist der in Trinidad lebende Derek ein dramatischer Autor und ein in internationalen Kreisen bekannter Dichter.

Noch eine andere Tradition hat St. Lucia mit den anderen Inseln der Kariben gemein: den Karnaval, der seine Apotheose mit zwei Festtagen erreicht, wobei es hoch hergeht. Diese beiden Tage gehen Karfreitag voraus, dem Beginn der Fastenzeit.

Eine andere künstlerische Ausdrucksform auf St. Lucia ist der Calypso: er geht auf die Epoche der Sklaverei zurück. In den Kariben wurde er zuerst auf Trinidad und Tobago eingeführt.

About 65 percent of the population is under 30 years of age.
Environ 65 % de la population est composée de moins de trente ans.
Aproximadamente un 65 % de la población se compone de individuos de menos de treinta años.
Ungefähr 65 % der Bevölkerung sind noch nicht 30 Jahre alt.

In Soufriere town.
En Soufriere.
A Soufriere.
In Soufrière.

POPULATION

St Lucia's population is officially estimated at 120,000 comprising some 56,000 males and 64,000 females. About 65 percent of the population is under 30 years of age.

Within recent decades, the population has been growing at a steady annual rate of 1.5 percent. The net emigration of almost 2 percent annually is probably the most important demographic feature. The drift of population in search of jobs from rural to urban areas has been another distinct feature, although more difficult to quantify from census statistics.

The mortality rate has declined over the years, and life expectancy increased from an average of 60 years in the period 1960-70 to 65 in the following decade. Fertility, as measured by the number of girls born to a woman during her reproductive life, has declined marginally in the past decade.

Official statistics regarding the level of unemployment in St Lucia put it at close to 20 percent of the work force. Analysis of the source of employment illustrates that only the building and service sectors have expanded over the last two decades, tourism and external aid being the main economic basis for this expansion.

The overwehlming majority of the population is of African descent. Other ethnic groups are: mixed or coloured, European white, East Indians and Syrians.

There is a family planning clinic on the island which provides family planning services along with maternal and child health services.

POPULATION

On estime à environ 120.000 le nombre des habitants de Ste Lucie, dont 56.000 hommes et 64.000 femmes. Environ 65 % de la population est composée de moins de trente ans.

Durant les dernières décennies, la population s'est accrue à un taux annuel régulier de 1,5 %. La proportion d'émigrants (presque 2 %) a été le principal événement démographique. Fait important également : l'exode rural de la population en quête de travail et sa ruée vers les villes; toutefois, l'ampleur de ce phénomène est difficile à cerner statistiquement parlant.

Le taux de mortalité a baissé avec les années à Ste Lucie et l'espérance de vie est ainsi passée de 60 ans en moyenne dans les années 60 à 65 ans dans la décennie suivante. Le nombre des naissances a légèrement baissé ces dix dernières années, si l'on tient compte du nombre d'enfants du sexe féminin mis au monde par une femme au cours de sa période de procréation.

D'après des statistiques officielles, le nombre de chômeurs de Ste Lucie s'élève à près de 20 % de la population active. Si l'on analyse les sources du chômage, on se rend compte que ces vingt dernières années, seuls les secteurs du bâtiment ainsi que les services ont connu une expansion, le tourisme et l'aide extérieure étant les seules bases économiques de cette expansion.

Une écrasante majorité de la population de Ste Lucie est de descendance africaine. On trouve d'autres groupes ethniques : personnes de couleur ou métis, Blancs d'Europe, Indiens, Syriens.

Il existe à Ste Lucie un centre de planning familial, qui propose ses services d'assistance familiale ainsi que des soins à la mère et à l'enfant.

POBLACION

Se estima que el número de habitantes de Santa Lucía es de unos 120.000, de los cuales 56.000 son varones y 64.000 hembras. Aproximadamente el 65% de esta población tiene menos de treinta años.

Durante los últimos decenios la población aumentó a un ritmo anual regular del 1,5%. La proporción de emigrantes (casí el 2%) fué el principal acontecimiento demográfico. Hecho igualmente importante: el éxodo rural de la población en busca de trabajo y su riada hacia las ciudades; sin embargo, la amplitud de este problema resulta dificil de delimitar, estadísticamente hablando.

El índice de mortalidad bajó en Santa Lucía en estos últimos años y si la esperanza de vida era de 60 años de promedio en los años sesenta, pasó a 65 años en el decenio siguiente. El número de nacimientos bajó ligeramente en estos últimos años, si se tiene en cuenta el número de niñas que una mujer dió a luz en el curso de su período de procreación.

Según las estadísticas oficiales, el número de parados de Santa Lucía asciende a cerca del 20% de la población activa. Si se analizan las causas del paro, se pone de relieve que en estos últimos veinte años, únicamente los sectores de la construcción así como los servicios conocieron una expansión, siendo el turismo y la ayuda exterior las únicas bases económica de esta expansión.

Una aplastante mayoría de la población de Santa Lucía es de descendencia africana. Hay también otros grupos étnicos: personas de color o mestizos, blancos europeos, indios, sirios.

Existe en Santa Lucía un centro de "planning familiar", que propone los servicios de asistencia familiar, así como asistencia médica a la madre y al hijo.

BEVÖLKERUNG

Die Einwohnerzahl von St. Lucia wird auf 120.000 geschätzt: 56.000 Männer und 64.000 Frauen. Ungefähr 65% der Bevölkerung sind noch nicht 30 Jahre alt.

Während der letzten Dekade ist die Bevölkerung jährlich regelmässig um 1,5% angewachsen. Das hauptsächliche demographische Ereignis war die Proportion der Emigranten: fast 2%. Eine ebenfalls wichtige Tatsache ist die Landflucht der Bevölkerung, die in den Städten Arbeit sucht. Doch ist der Umfang dieses Phänomens statistisch schwer zu erfassen.

Mit den Jahren ist die Sterbeziffer in St. Lucia heruntergegangen. So ist die Lebenserwartung, die in den 60ger Jahren 65 Jahre betrug, in der folgenden Dekade auf 65 Jahre angestiegen. In den letzten 10 Jahren ist die Geburtenziffer etwas heruntergegangen, besonders, was Kinder weiblichen Geschlechts anbetrifft, die von in voller Gebärperiode stehenden Frauen in die Welt gesetzt wurden.

Den offiziellen Statistiken nach betrifft die Arbeitslosenzahl in St. Lucia ungefähr 20% der aktiven Bevölkerung. Wenn man über die Quelle der Arbeitslosigkeit Forschungen anstellt, so kann man feststellen, dass in den letzten zwanzig Jahren nur der Bausektor sowie die Dienstleistungen einen Aufschwung verzeichnen konnten. Die wirtschaftlichen Basen dieses Aufschwungs sind Tourismus und ausländische Hilfe.

Die grosse Mehrzahl der Bevölkerung von St. Lucia ist afrikanischer Abstammung. Man trifft aber auch andere ethnische Gruppen an: Farbige oder Metizen, weisse Europäer, Indier und Syrier.

St. Lucia verfügt über ein Familienplanungszentrum, das die Familien berät und ihnen Hilfe zukommen lässt. Es lässt besonders Mutter und Kind seine Pflege angedeihen.

Fred Devaux, one of the local experts on St. Lucian history.
Fred Devaux, l'un des historiens spécialistes de Ste Lucie.
Fred Devaux, uno de los historiadores especialistas de Santa Lucía.
Fred Devaux, ein in der Geschichte von St. Lucia spezialisierter Historiker.

ECONOMY

As with most small islands in the Caribbean, the growth and structure of St Lucia's economy is largely determined by its small population and limited natural resources. No mineral assets of economic importance have been found, although other natural resources which are being exploited include the splendid beaches and tropical climate, the fertile volcanic soils and, more recently, geothermal energy as a potential source of natural power.

The economy of St Lucia is extremely open, since it is dependent on trade for its survival and therefore subject to the vagaries of international economies, from which its imports are derived and to which its exports are directed.

The island's imports in total value continue to expand beyond prudent levels. They rose from EC$100 million in 1975 to EC$240 million during the first nine months of 1980. The growth rate between 1978 and 1979 alone was 22.3 percent. In contrast, exports earned EC$60 million in 1975 and EC$101 million during the first nine months of 1980.

The prices of imported goods continue to outstrip the value of St. Lucia's exports. For instance, price of imported petroleum products rose by 95 percent in 1980 while the average price of bananas, the island's main export crop, rose by a mere 14 percent.

In 1980, St Lucia's external public debt was about EC$41 million or approximately 17 percent of its Gross Domestic Product (GDP). Domestic prices rose from 13.8 percent in 1979 to 20 percent in 1980.

The structure of the lending portfolio of commercial banks is also an important factor in determining St Lucia's economic growth. Bank loans increased from EC$84 million in 1976 to EC$179 million in 1980 while bank deposits rose from EC$99 million to EC$172 million over the same period.

St Lucia's imbalance in trade need not be alarming if invisible exports were of a sufficiently high level compared to invisible imports to offset the difference. Remittances from abaord, a form of transfer payment, also contribute to the current account. In 1980, an estimated EC$20 million was remitted so St Lucia from overseas.

Current account deficits have been a chronic feature of the balance of payments, and the imbalance in trade has been the main contributory factor. Since the island has no Central Bank, it must rely mainly on foreign aid and loans to close the gap.

The Government's debt burden is influenced by the level of wages and prices, as well as by interest and exchange rates. Wages constituted 49 percent of Government recurrent expenditure in 1976-77 and 53 percent in 1979-80.

Price levels also affect Government finances. Government services call for a high level of consumption of materials and supplies and increasingly, the purchase of equipment and capital goods. From 18.7 percent in 1974 following the world oil crisis, the rate of inflation gradually declined to 6.8 percent in 1978 but rose again to 13.8 percent in 1979 and 20 percent in 1980. Petroleum products alone accounted for 10.1 percent of St Lucia's import trade up to the third quarter of 1980.

The 1981-82 fiscal budget provides for the expenditure of EC$208.7 million, consisting of EC$101.8 million to meet recurrent expenditure and EC$106.9 million for capital expenditure.

In recent years, there have been increases in investment in agriculture, industry and tourism, the major productive sectors of the economy. Diversification of exports has also been a feature of the more recent period. In the past, exports consisted mainly of primary agricultural commodities for which the overseas marketing channels had long been established.

Lately, the need to develop market outlets for an increasing variety of industrial and agro-industrial products has become readily apparent.

Export earnings are the major means by which the island's imports are paid for. Over the early 1970s exports grew rapidly and expanded at an annual rate of about 20 percent. The export sector remains the backbone of the economy and its development is crucial to the development of the economy as a whole.

The industrial, tourist and agricultural sectors now account for 10, 18 and 15 percent respectively of the GDP. Bananas, the island's main export crop accounted for 40 percent of St Lucia's total export earnings in 1979.

Despite the construction of a huge oil complex on the island, the past few years have seen a levelling off of private foreign investment following the decline in hotel construction which dominated the economy in the earlier "boom" years.

Visitors join local fishermen in hauling their nets.
Touristes aidant les pêcheurs à soulever leurs filets.

Turistas ayudando a los pescadores a levantar sus redes.
Touristen helfen Fischern bei ihren Netzen.

ECONOMIE

Comme c'est le cas pour de nombreuses petites îles des Caraïbes, la croissance et la structure économique de Ste Lucie sont essentiellement limitées par le faible nombre des habitants et par ses ressources naturelles restreintes.

On ne connaît à l'île aucune richesse en minerai exploitable sur le plan économique. Toutefois, on peut compter parmi les ressources naturelles que l'on exploite actuellement les plages splendides et le climat tropical, les sols volcaniques fertiles et, plus récemment, l'énergie géothermique, qui pourrait bien être une nouvelle source d'énergie naturelle.

L'économie de Ste Lucie est caractérisée par le fait que l'île est essentiellement tournée vers l'extérieur; ce qui signifie donc qu'elle dépend du commerce pour vivre et qu'elle est soumise aux aléas de la situation économique des pays avec lesquels elle effectue des échanges commerciaux.

La valeur totale des importations de l'île continue à augmenter, mais modérément. Le montant total des importations est passé de 100 millions d'EC $ en 1975 à 240 millions d'EC $ pendant les neuf premiers mois de l'année 1980. Entre 1978 et 1979 seulement, le taux de croissance était de 22,3%. Les exportations, quant à elles, se sont élevées à 60 millions d'EC $ en 1975 contre 101 millions d'EC $ pendant les neuf premiers mois de 1980.

A Ste Lucie, le prix des marchandises exportées n'augmente pas dans les mêmes proportions que celui des marchandises importées. Ainsi, les prix à l'importation des produits pétroliers ont accusé une hausse de 95% en 1980 alors que les bananes, principal produit d'exportation de l'île, ont seulement augmenté de 14%.

En 1980, la dette publique extérieure était de l'ordre de 41 millions d'EC $ soit 17% du Produit Intérieur Brut. L'inflation était de 13,8% en 1979 pour atteindre 20% en 1980.

La composition du portefeuille des prêts accordés par les banques commerciales joue également un rôle déterminant dans la croissance économique de Ste Lucie. Les emprunts bancaires, qui étaient de 84 millions d'EC $ en 1976, s'élevaient à 179 millions d'EC $ en 1980 alors que pour la même période, les dépôts bancaires passaient de 99 millions d'EC $ à 172 millions d'EC $.

Le déséquilibre commercial de Ste Lucie ne serait pas catastrophique si le niveau des exportations invisibles de l'île atteignait celui de ses importations, ce qui permettrait de combler le déficit. Les factures de l'étranger, forme de paiement de transfert, sont également un élément d'influence de la balance des comptes courants. En 1980, on estime à environ 20 millions d'EC $ le montant des paiements que Ste Lucie a perçus de l'étranger.

Les déficits de la balance des comptes courants sont un facteur chronique de la balance des paiements de Ste Lucie et le déséquilibre commercial en fut le principal responsable. Etant donné que l'île n'a pas de Banque Centrale, elle est totalement dépendante de l'aide extérieure et des emprunts qui lui permettent de payer ses dettes.

Le niveau des salaires et des prix ainsi que les variations des taux d'intérêt et de change agissent directement sur l'endettement du gouvernement. En 1976-77, les salaires constituaient 49% des dépenses périodiques du Gouvernement; ce pourcentage est passé à 53 en 1979-80.

Le niveau des prix affecte également les finances du gouvernement. Celui-ci lance un appel en faveur d'une augmentation de matières premières et de marchandises ainsi que d'une augmentation des achats en biens d'équipement et de production.

Le taux d'inflation qui avait atteint 18,7% en 1974 à la suite de la crise pétrolière a diminué peu à peu et n'était plus que de 6,8% en 1978 mais il est remonté à 13,8% en 1979 et à 20% en 1980. Les produits pétroliers à eux seuls représentaient 10,1% des importations de Ste Lucie au troisième trimestre 1980.

Le budget 1981-1982 prévoit des dépenses de 208,7 millions d'EC $, dont 101,8 millions d'EC $ pour couvrir les dépenses périodiques et 106,9 millions d'EC $ pour les dépenses en capital.

Ces dernières années, on a enregistré une augmentation des investissements dans les secteurs de l'agriculture, de l'industrie et du tourisme, principales sources de devises pour l'économie. On remarque également une diversification des exportations pour cette même période. Auparavant en effet, les exportations étaient presque exclusivement constituées par des produits agricoles de première nécessité, pour lesquels les débouchés de vente outremer avaient déjà été établis depuis longtemps.

Récemment, le besoin de développer les débouchés sur les marchés et de diversifier davantage les produits industriels et agro-industriels s'est fait nettement sentir.

C'est essentiellement au moyen des revenus de ses exportations que l'île paie le montant de ses importations. Au début des années 70, les exportations se sont considérablement développées et ont atteint un taux annuel d'environ 20%. Le secteur de l'exportation reste le pilier de l'économie et son expansion est de toute première importance pour le développement de l'économie dans son ensemble.

Les secteurs de l'industrie, du tourisme et de l'agriculture représentent à l'heure actuelle respectivement 10, 18 et 15% du PIB. En 1979, les bananes, principale récolte de l'île, ont totalisé 40% des revenus de l'exportation.

Bien qu'un immense complexe pétrolier ait été construit sur l'île, on a constaté ces dernières années un déclin des investissements privés étrangers, dû à celui de la construction d'hôtels, qui florissait dans les premières années du "boom" économique.

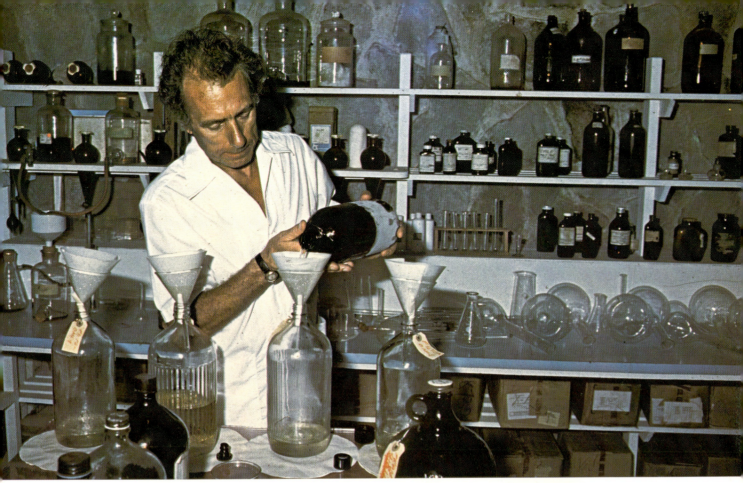

Chemical Laboratory making commercial use of several St Lucian fruits and plants.
Les laboratoires produisent des essences ou des extraits à partir des plantes et des fruits de l'île.
Los laboratorios producen esencias o extractos, a partir de las plantas y frutas de la isla.
Die Laboratorien stellen Essenzen und Extrakte her, die sie aus den Pflanzen und Früchten der Insel gewinnen.

Banana cultivation and processing for export.
Culture des bananes et conditionnement pour l'exportation.
Cultivo de los plátanos y embalaje para la exportación.
Bananenanbau und Herrichtung für die Ausfuhr.

79

ECONOMIA

Como suele ocurrir en numerosas pequeñas islas del Caribe, el crecimiento y la estructura económica de Santa Lucía se ven principalmente limitados por el número de habitantes y por sus escasos recursos naturales. No se conoce en la isla ninguna riqueza minera explotable bajo el punto de vista económico. No obstante, pueden considerarse como recursos naturales, las magníficas playas que se explotan en la actualidad y el clima tropical, los terrenos volcánicos fértiles y, más recientemente, la energía geotérmica, que podrá muy bien constituir una nueva fuente de energía natural.

La economía de Santa Lucía se caracteriza por el hecho de ser una isla esencialmente abierta hacia el exterior, lo que significa por lo tanto que depende del comercio para vivir y que se halla sometida a la incertidumbre de la situación económica de los países con los que efectúa intercambios comerciales.

El valor total de las importaciones de la isla continúa aumentando, pero de manera moderada. La cuantía total de las importaciones pasó de 100 millones de EC $ en 1975 a 240 millones de EC $ durante los nueve primeros meses del año 1980. Entre 1978 y 1979 solamente, el índice de crecimiento era del 22,3%. En cuanto a las exportaciones, se elevaron a 60 millones de EC $ en 1975 frente a 101 millones de EC $ durante los nueve primeros meses de 1980.

En Santa Lucía, el precio de las mercancías exportadas no aumenta en las mismas proporciones que el de las mercancías importadas. Así por ejemplo, los precios de importación de los productos petroleros acusaron un alza del 95% en 1980, mientras que los plátanos, principal producto de exportación de la isla, aumentaron solamente en un 14%.

En 1980, la deuda pública exterior era del orden de 41 millones de EC $, sea el 17% del Producto Interior Bruto. La inflación era del 13,8% en 1979, alcanzando el 20% en 1980.

La composición de la cartera de préstamos acordados por los bancos comerciales desempeña igualmente un papel determinante en el crecimiento económico de Santa Lucía.

Los empréstitos bancarios, que se elevaron a 1976 a 84 millones de EC $, alcanzaron 179 millones de EC $ en 1980, mientras que en este mismo período los depósitos bancarios pasaban de 99 millones de EC $ a 172 millones de EC $.

El desequilibrio comercial de Santa Lucía no sería catastrófico si el nivel de las exportaciones invisibles de la isla alcanzase el de sus importaciones, lo que permitiría compensar el déficit. Las facturas del extranjero, una forma de pago de transferencia, son igualmente un elemento de influencia de la balanza de cuentas corrientes. En 1980, se estima en unos 20 millones de EC $ el importe de los pagos que Santa Lucía percibió del extranjero.

Los déficits de la balanza de las cuentas corrientes son un factor crónico de la balanza de pagos de Santa Lucía, siendo el principal responsable el desequilibrio comercial. Dado que la isla no tiene un Banco Central, resulta totalmente dependiente de la ayuda exterior y de los empréstitos que le permitan pagar sus deudas.

El nivel de salarios y de precios, así como las variaciones de los índices de interés y de cambio actúan directamente sobre el endeudamiento del gobierno. En 1976-77, los salarios constituían el 49% de los gastos periódicos del Gobierno; este porcentaje pasó al 53% en 1979-80.

El nivel de los precios afecta igualmente a las finanzas del gobierno. Este efectúa un llamamiento en favor de un aumento de materias primas y de mercancías, así como un aumento de compras en bienes de equipamiento y de producción.

El índice de inflación, que había alcanzado 18,7% en 1974 como consecuencia de la crisis petrolífera, disminuyó poco a poco y en 1978 no era ya más que de un 6,8%, pero luego volvió a subir al 13,8% en 1979 y a un 20% en 1980. Solamente los productos petroleros representaron un 10,1% de las importaciones de Santa Lucía en el tercer trimestre de 1980.

El presupuesto 1981-1982 prevee gastos de 208,7 millones de EC $, de los que 101,8 millones se destinarán para cubrir los gastos periódicos y 106,9 millones de EC $ para los gastos en capital.

En estos últimos años se registró un aumento de las inversiones en los sectores de la agricultura, de la industria y del turismo, principales fuentes de divisas para la economía. Se observa igualmente una diversificación de las exportaciones en este mismo período. Efectivamente, antes las exportaciones estaban constituidas casí exclusivamente por productos agrícolas de primera necesidad, cuyos mercados de venta a ultramar estaban ya establecidos desde hace mucho tiempo.

Recientemente, se ha hecho sentir de manera muy clara la necesidad de desarrollar las salidas hacia los mercados y de diversificar más los productos industriales y agro-industriales.

La isla paga esencialmente el total de sus importaciones con los ingresos de sus exportaciones. A principios de los años 70, las exportaciones se incrementaron de manera muy notable, alcanzando un índice anual del 20% aproximadamente. El sector de la exportación continúa siendo el pilar de la economía y su expansión resulta de vital importancia para el desarrollo de la economía en su conjunto.

Los sectores de la industria, el turismo y la agricultura representan en la actualidad respectivamente el 10, el 18 y el 15% del PIB. En 1979, los plátanos, principal cosecha de la isla, totalizaron el 40% de los ingresos de la exportación.

Aunque se ha construido en la isla un inmenso complejo petrolero, se ha constatado estos últimos años una baja de las inversiones privadas extranjeras, debida a la baja de la construcción de hoteles, que florecía en los primeros años del "boom" económico.

WIRTSCHAFT

Wie das für eine grosse Anzahl der kleinen karibischen Inseln der Fall ist, wird das Wachstum und die wirtschaftliche Struktur von St. Lucia hauptsächlich von der Zahl seiner Einwohner und die natürlichen, immerhin beschränkten Ressourcen, bedingt.

Die Insel besitzt keine irgendwie ausbeutbaren Reichtümer an Erzen. Doch gehören zu ihren natürlichen Ressourcen - die augenblicklich ausgebeutet werden - die herrlichen Strände, das tropische Klima, der fruchtbare vulkanische Boden und - seit kurzem - die geothermische Energie, die wohl zu einer neuen, natürlichen Energiequelle werden kann.

Charakteristisch für die Wirtschaft von St. Lucia ist die Tatsache, dass die Insel sich vor allem nach aussen hin auftut; d.h. dass sie den wirtschaftlichen Schwankungen der Länder unterworfen ist, mit denen sie in kommerzieller Verbindung steht.

Der Gesamtwert der Einfuhren der Insel steigt immer noch - wenn auch nur mässig - an. Die Gesamtsumme der Einfuhren ist von 100 Millionen EC$ im Jahre 1975 auf 200 Millione EC$ im Laufe der ersten neun Monate des Jahres 1980 angestigen. Zwischen 1978 und 1979 betrug die Zuwachsrate 22,3%. Der Gesamtwert der Ausfuhren betrug im Jahre 1975 60 Millionen $ gegen 101 Millionen während der ersten neun Monate des Jahres 1980.

In St. Lucia ist der Preis der exportierten Waren nicht im gleichen Masse angestiegen wie der der importierten Artikel. So sind die Einfuhrpreise der Erdölprodukte im Jahre 1980 um 95% angestiegen, während der Preis der Bananen - des hauptsächlichen Ausfuhrproduktes der Insel - nur um 14% anstieg.

Im Jahre 1980 erreichte die Auslandsverschuldung 41 Millionen EC$, d.h. 17% des Bruttoinlandprodukts. Die Inflation betrug im Jahre 1979 13,8%, um 1980 auf 20% anzusteigen.

Die Zusammensetzung der verschiedenen Darlehen, die der Insel von den Handelsbanken gewährt wurden, spielt ebenfalls für das wirtschaftliche Wachstum von St. Lucia eine entscheidende Rolle.

Die Bankanleihen, die im Jahre 1976 84 Millionen EC$ ausmachten, stiegen im Jahre 1980 auf 179 Millionen EC$ an, während in der gleichen Periode die Bankdepots von 99 Millionen EC$ auf 172 Millionen EC$ anstiegen.

Das wirtschaftliche Ungleichgewicht von St. Lucia wäre an sich nicht katastrophal, wenn das Niveau der unsichtbaren Ausfuhren der Insel das der Einfuhren erreichen würde, denn das würde es ja möglich machen, das Defizit auszugleichen. Die Rechnungen des Auslands - eine Art Zahlungsüberweisung - sind ebenfalls ein Element, das die Bilanz der laufenden Konten beeinflusst. 1980 schätzte man den Zahlungsbetrag, den St. Lucia aus dem Ausland erhalten hatte auf 20 Millionen EC$.

Die Defizite der Bilanz der laufenden Konten sind ein chronisches Element der Zahlungsbilanz von St. Lucia für die vor allem das kommerzielle Ungleichgewicht verantwortlich ist. Da die Insel keine Zentralbank besitzt, hängt sie vollkommen von ausländischer Hilfe ab sowie von den Anleihen, die es ihr ermöglichen, ihre Schulden zu begleichen.

Das Niveau der Gehälter und Preise sowie die Variationen der Zinsfüsse und Devisen haben auf die Verschuldung der Regierung einen direkten Einfluss. In den Jahre 1976/77 machten die Gehälter 49% der laufenden Ausgaben der Regierung aus; dieser Prozentsatz stieg in den Jahren 1977/80 auf 53%.

Das Preisniveau beeinflusst ebenfalls die Finanzen der Regierung. So hat diese einen Aufruf zugunsten der Erhöhung der Rohstoff - und Warenerzugung erlassen, sowie zugunsten der Erhöhung der Ankäufe von Ausrüstung - und Produktionsgütern.

Die Inflationsrate hatte 1974 infolge der Erdölkrise 18,7% erreicht, war dann aber nach und nach wieder heruntergegangen, um im Jahre 1978 nur noch 6,8% zu betragen. 1979 ist sie aber wieder auf 18,8%, und im Jahre 1980 sogar auf 20% angestiegen. Im 3. Quartal des Jahres 1980 machten die Erdölprodukte allein 10,1% der Einfuhren von St. Lucia aus.

Der Haushalt für 1981 und 1982 sieht Ausgaben in der Höhe von 208,7 Millionen EC$ vor, von denen 101,8 Millionen EC$ laufende Ausgaben decken sollen, und 106,9 Millionen EC$ für den Kapitalaufwand vorgesehen sind.

Im Laufe der letzten Jahre hat man eine Erhöhung der Investitionen in den Sektoren der Landwirtschaft, der Industrie und des Tourismus verzeichnet, d.h. in den hauptsächlichen Devisenquellen der Wirtschaft. Während der gleichen Periode hat man eine Diversifizierung der Ausfuhren feststellen können.

Bisher waren die Ausfuhren fast ausschliesslich von lebensnotwendigen landwirtschaftlichen Produkten bestritten worden, für die es schon seit langem überseeische Ausfuhrmärkte gab. Kürzlich hat sich das Bedürfnis, die Absatzmärkte zu entwickeln und die industriellen und agroindustriellen Produkte zu diversifizieren, stark entwickelt.

Die Insel bezahlt ihre Einfuhren hauptsächlich mit dem Ertrag, der ihr aus ihren Ausfuhren zufällt. Anfang der 70ger Jahre haben sich die Ausfuhren stark entwickelt und eine jährliche Zuwachsrate von ungefähr 20% erzielt. Der Ausfuhrsektor bleibt so eine Stütze der Wirtschaft und ihre Ausdehnung ist in der Entwicklung der Gesamtwirtschaft besonders wichtig.

Die Sektoren der Industrie, des Tourismus und der Landwirtschaft stellen augenblicklich bzw. 10, 18 und 15% des Nationaleinkommens dar. Im Jahre 1979 haben die Bananen - der hauptsächliche Rohstoff der Insel - 40% der Exporteinnahmen ausgemacht. Obwohl auf der Insel ein enormer Erdölkomplex erbaut wird, hat man doch in den letzten Jahren ein Abnehmen der ausländischen Privatinvestitionen feststellen können, was wohl dem geringeren Hotelneubau zuzuschreiben ist; dieser war in den ersten Jahren des wirtschaftlichen Booms besonders aktiv.

Castries harbour, then and now.
Port de Castries, autrefois et de nos jours.

Puerto de Castries, antiguamente y en la actualidad.
Der Hafen von Castries, wie er füher war und wie er heute ist.

TOURISM

"The Helen of the West" - that is how St Lucia was considered by the British and French through several decades of warfare for its possession.

But unlike the legendary Helen of Troy the beauty of St Lucia has remained through the centuries and is today, in fact, one of the island's main natural assets in its efforts to develop tourism.

Saint Lucia's beauty draws thousands of visitors to its shores every year as the English-speaking but French-oriented island continues to be a favourite holiday resort.

One of the major attractions for visitors consists of the sulphur springs in the south-western town of Soufriere; these have been compared to the Soufriere of Onzendaki in Japan and the famous Solfatara of Pozzuoli in Italy. Nearby are the diamond baths, constructed on the orders of King Louis XVI of France towards the end of the eighteenth century after it was discovered that water from the Springs was beneficial for a range of ailments such as rheumatism. Part of the original baths are still in evidence today alongside the renovations which have been made.

In the Soufriere district too, the visitor will gaze in awe at the sheer majesty of the towering Pitons and the more daring might be tempted to climb their slopes. A trip to Soufriere can be made by boat, while a visit to the sulphur springs might form part of an islandwide road tour.

Those who enjoy sailing will find a variety of craft available for the adventure which will take the traveller along the island's scenic west coast, the sandy beaches of which are separated by lofty cliffs.

No visit to St Lucia can be considered complete without a tour of Morne Fortune (Good-luck Hill), which overlooks the capital, Castries. For in this area lies one of the most important ancient battlegrounds in the entire Caribbean.

Touring Morne Fortune, the visitor will see "the Apostles Battery" (a nineteenth century fortification which derived its name from the four embrasures built to accommodate a similar number of 10-inch cannon designed for use against iron-clad ships); the "Combermerre Barracks" (three buildings erected around the mid-nineteenth century); the "Inniskilling Monument" (erected in honour of the 27th Royal Inniskilling Fusiliers to mark their capture of the Morne from the French in 1796); the "Guard room Stables and Cells" (built in the 1770s); the "Iron Barracks" (constructed between 1829 and 1833); "Prevost's Redoubt" (a gun emplacement dating back to 1782) and the "military cemetery" (first used in 1782 and containing the remains of both French and British troops as well as six former governors of St Lucia).

North of the island, Pigeon Islet, permanently engraved in history by the British Admiral Rodney who sailed from there to defeat the French fleet in 1782, is being converted into a National Park. There too, remains of military fortifications are still in evidence.

To supplement these attractions, the tourist can find other areas of interest such as Paix Bouche, where the French Emperess Josephine was born in 1763 (ruins of the manor house can still be seen). In addition, there are guided tours through tropical rain forests, mountain walks, scenic drives into rural areas and aquatic pastimes.

Tourism is currently one of St Lucia's main sources of foreign exchange. (More than 150,000 visitors came to the island last year).

There are a variety of hotels on the island with a total of nearby 3,000 beds, as well as guest houses and self-contained apartments.

Cap Estate, once one of the largest sugar producing estates on the island, comprises 2,000 acres of rolling green uplands surrounded by the sea on three sides. It has been developed as a residential and holiday resort by Cap Estate St. Lucia Ltd., a local company. The ranch, which has a pedigree herd of prime beef cattle and good stables, adds to the attractions of a very beautiful beach-fringed bay, and an excellent golf course with bar, club-hire and other facilities.

St Lucia has extensive shopping facilities for tourists, offering such items as Caribbean jewellery, locally-made perfumes, printed fabrics, wood carvings, all at attractive prices.

The island is unique in the Eastern Caribbean in having two commercial airports, with direct and connecting services to North America and Europe.

Southern coastline.
Côte méridionale.
Costa Sur.
Die Südküste.

TOURISME

"The Helen of the West" (la Belle Hélène de l'Ouest) : voilà comment les Anglais et les Français désignaient Ste Lucie au cours des nombreuses décennies de luttes pour sa possession.

Mais à la différence d'Hélène de Troie dans la fameuse légende, Ste Lucie a conservé sa beauté à travers les siècles et est aujourd'hui un des principaux atouts pour l'île qui cherche à développer son tourisme.

La beauté de Ste Lucie attire chaque année des milliers de visiteurs sur les rivages de l'île anglophone mais de tradition française qui reste toujours un lieu de vacances fort apprécié.

Les sources sulfureuses (Sulphur Springs) au sud-ouest de la ville de Soufrière - que l'on a souvent comparées à la soufrière d'Onzendaki au Japon et à la fameuse "Solfarata" de Pozzuoli en Italie - sont l'une des principales attractions pour le visiteur. On trouve, à proximité, les bains de diamant (Diamond Baths), construits sur l'initiative du Roi de France Louis XVI vers la fin du 18ème siècle, lorsque l'on prit conscience des vertus bénéfiques de l'eau de ces fontaines pour un certain nombre de maux, tels que les rhumatismes par exemple. Aujourd'hui encore, on peut voir une partie des bains originaux, et les travaux de restauration qui y ont été effectués.

Dans la zone de Soufrière également, les touristes seront impressionnés par les pics vertigineux et majestueux des "Pitons" et les plus téméraires d'entre eux seront peut-être tentés d'en faire l'escalade. On peut faire un tour de Soufrière en bateau mais la visite des sources sulfureuses peut également figurer au programme d'une excursion par route sur l'île.

Tous les amoureux de la navigation trouveront une variété d'embarcations en partance pour l'Aventure, qui emmèneront les voyageurs le long de la côte ouest panoramique de l'île qui abrite de nombreuses plages de sable, séparées par de hautes falaises.

Nul ne peut prétendre avoir réellement visité l'île s'il ne s'est pas rendu à Morne Fortune (Goodluck Hill : "colline de la chance") qui surplombe la capitale, Castries. Car c'est là que l'on trouve les principaux champs de bataille de toutes les Caraïbes.

En visitant Morne Fortune, les touristes pourront voir "la Batterie des Apôtres" ("the Apostles Battery") - une fortification du 19ème siècle dont le nom vient des quatre embrasures aménagées pour loger le même nombre de canons de 25,4 cm, que l'on utilisait contre les cuirassés, la caserne Combermerre (trois bâtiments construits vers le milieu du 19ème siècle), le Monument aux Morts ("the Inniskilling Monument"), érigé en hommage à la 27ème Garde Royale des Fusiliers, en souvenir de la bataille de 1796 au cours de laquelle ils arrachèrent Morne aux Français, la salle de la Garde, les écuries et les cellules ("the Guard room Stables and Cells") datant de 1770, la caserne "Iron Barracks" construite entre 1829 et 1833, la "redoute des prévôts" ("Prevost's Redoubt") - un emplacement de canons datant de 1782) et le "Military Century" - utilisé pour la première fois en 1782 et abritant les dépouilles mortelles des soldats français et britanniques ainsi que celles de six anciens Gouverneurs de Ste Lucie.

Pigeon Islet, au nord de l'île, qui a à tout jamais marqué l'Histoire, depuis que l'Amiral britannique Rodney partit de cet endroit pour vaincre la flotte française en 1782, a été transformé en Parc National. Là aussi, on trouve des ruines de fortifications militaires.

Outre ces attractions, les touristes verront d'autres sites intéressants tels que Paix Bouche, lieu de naissance de l'Impératrice Française Joséphine en 1763 (on peut toujours visiter les ruines de la maison). Ils pourront également faire des excursions guidées, des randonnées dans la montagne, des parcours panoramiques dans la campagne et des promenades sur l'eau.

Actuellement, le tourisme est une des sources essentielles des échanges de Ste Lucie avec l'étranger.

Divers hôtels offrent en tout près de 3.000 lits; on trouve également des formules en hôtes payants, ainsi que des appartements particuliers.

Cap Estate, autrefois l'un des plus gros domaines producteurs de sucre, c'est aujourd'hui 2.000 arpents de hautes terres onduleuses et verdoyantes, qui s'étendent jusqu'à la mer et que la Cap Estate St. Lucia Ltd., une société de l'île, a exploité pour en faire un lieu de vacances résidentiel : parmi les attractions proposées, on trouve un ranch, avec son troupeau de bovins de pure race et sa belle étable, qui s'ajoute au charme d'une magnifique baie bordée de plages, d'un superbe cours de golf, avec bar, d'un club et divers équipements.

Ste Lucie dispose de nombreux magasins bien achalandés, qui proposent aux touristes des bijoux des Caraïbes, des parfums fabriqués sur place, des tissus imprimés, des sculptures en bois, le tout à des prix très attrayants.

L'île est la seule parmi les Iles Caraïbes à disposer de deux aéroports civils, avec liaisons directes pour l'Amérique du Nord et l'Europe.

Beach near East Winds Hotel, in the north.
Plage près de l'hôtel "East Winds" au nord.

Playa cerca del hotel "East Winds", en el norte.
Strand in der Nähe des Hotels "East Winds", im Norden der Insel.

TURISMO

"The Helen of the West" (la Bella Helena del Oeste): así es como los ingleses y los franceses designaban a Santa Lucía durante el transcurso de varias decenas de años de lucha por su posesión.

Pero contrariamente a Helena de Troya, la de la famosa leyenda, Santa Lucía conservó su belleza a través de los siglos y constituye hoy en día uno de los principales atractivos de la isla, que trata de incrementar su turismo.

La belleza de Santa Lucía atrae cada año millares de visitantes hacia las costas de isla de habla inglesa, pero de tradición francesa, que continúa siendo un lugar de vacaciones muy apreciado.

Las fuentes sulfurosas (Sulphur Springs) al sudoeste de la ciudad de Soufrière - que se ha comparado frecuentemente al zufral de Onzendaki, en el Japón, y a la famosa "Solfarata" de Pozzuoli en Italia -, constituyen una de las principales atracciones del visitante. Se hallan en las proximidades los baños de diamante (diamond Baths), construidos bajo la iniciativa del rey de Francia Luis XVI a finales del siglo 18, cuando se tuvo conocimiento de las virtudes benéficas del agua de estas fuentes para cierto número de males, como los reumatismos por ejemplo. Todavía hoy, puede verse una parte de los baños originales y los trabajos de restauración que se han efectuado.

En la zona de Soufrière igualmente, los turistas quedarán impresionados por los picos vertiginosos y majestuosos de los "Pitons" y los más temerarios de ellos tal vez sentirán la tentación de efectuar la escalada. Se puede dar una vuelta a Soufrière en barco, pero la visita de los yacimientos sulfurosos puede igualmente figurar en el programa de una excursión de la isla por carretera.

Todos los amantes de la navegación encontrarán una gran variedad de embarcaciones con destino a la Aventura, que llevarán los viajeros a lo largo de la costa oeste panorámica de la isla, que abriga numerosas playas de arena, separadas por altos acantilados.

Nadie puede pretender realmente haber visitado la isla sin haber ido a Morne Fortune (Goodluck Hill: "colina de la suerte") que domina la capital, Castries, pues es allí donde se encuentran los principales campos de batalla de todo el Caribe.

Al visitar Morne Fortune, los turistas podrán ver "la Batería de los Apóstoles" (The Apostles Battery), una fortificación del siglo XIX, cuyo nombre viene de la cuatro cañoneras construidas para colocar el mismo número de cañones de 25,4 cm, que se utilizaban contra los acorazados; el cuartel Combermerre (tres edificios construidos a mediados del siglo XIX), el Monumento a los Muertos ("the Inniskilling Monument"), erigido en homenaje a la 27a Guardia Real de Fusileros, en memoria de la batalla de 1796, en cuyo transcurso arrancaron Morne a los franceses, la sala de la Guardia, las cuadras y las celdas (the Guard room Stables and Cells") que datan de 1770, el cuartel "Iron Barracks" construido entre 1829 y 1833, el "reducto de los prebostes" (Prevost's Redoubt) - un emplazamiento de cañones que data de 1782, y el "Military Cemetery" - utilizado por primera vez en 1782 y que alberga los restos mortales de los soldados franceses y británicos así como los de seis antiguos gobernadores de Santa Lucía.

Pigeon Islet, en el norte de la isla, que pasó para siempre a la historia cuando el Almirante británico Rodney partió de este lugar para vencer a la flota francesa en 1782, ha sido transformado en Parque Nacional. También allí se encuentran ruinas de fortificaciones militares.

Además de estas atracciones los turistas verán otros lugares interesantes, como por ejemplo Paix Bouche, lugar de nacimiento de la Emperatriz francesa Josefina en 1763 (se puede aún visitar las ruinas de la casa). También podrán efectuarse excursiones con guía, marchas por la montaña, recorridos panorámicos por el campo y viajes por el agua.

Actualmente, el turismo es una de la fuentes esenciales de intercambios de Santa Lucía con el extranjero.

Diversos hoteles ofrecen en total cerca de 3.000 camas; hay igualmente fórmulas de huéspedes de pago, así como apartamentos particulares.

Cap Estate, antiguamente una de las mayores fincas productoras de azúcar, constituye hoy en día 2.000 fanegas de altas tierras, ondulosas y verdes, que se extienden hasta el mar y que la Cap Estate St Lucia Ltd., una sociedad de la isla, ha explotado para hacer un lugar de vacaciones residencial: entre las atracciones propuestas, hay un rancho, con su ganado vacuno de pura raza y su hermoso establo, que se añade al encanto de una magnífica bahía bordeada de playas, un soberbio recorrido de golf, con bar, un club y diversos equipamientos.

En Santa Lucía hay numerosos almacenes bien surtidos, que próponen a los turistas joyas del Caribe, perfumes fabricados allí mismo, tejidos estampados, esculturas de madera, todo ello a precios muy interesantes.

La isla es la única del Caribe a poseer dos aeropuertos civiles, con enlaces directos hacia América del Norte y Europa.

Yacht marina near Castries.
Marina près de Castries.

Marina, cerca de Castries.
"Marina" (private Bootanlegestelle) in der Nähe von Castries.

TOURISMUS

'Die Schöne Helena des Westens' (The Helen of the West - La Belle Hélène de l'Ouest) haben Engländer und Franzosen St. Lucia während der zahlreichen Jahre des Kampfes um ihren Besitz benannt.

Doch im Gegensatz zur Schönen Helena von Troja der berühmten Legende hat St. Lucia seine Schönheit im Laufe der Jahrhunderte bewahrt. Diese Schönheit ist heute einer der Haupttrümpfe, die die Insel ausspielen kann, um ihren Tourismus zu entwickeln.

Die Schönheit von St. Lucia zieht jedes Jahr Tausende von Menschen an, die diese Insel englischer Sprache aber französischer Tradition besuchen wollen.

Die schwefelhaltigen Quellen (Sulphur Springs) im Südwesten der Stadt Soufrière - die man oft mit der Schwefelgrube von Onzendaki in Japan und mit der berühmten 'Solfarata' von Pozzuoli in Italien verglichen hat - übt auf den Besucher eine grosse Anziehungskraft aus. Ganz in der Nähe befinden sich die Diamantbäder (Diamond Bath), die auf Initiative von Ludwig XVI., dem König von Frankreich, Ende des 18. Jhs. erbaut wurden. Denn zu diesem Zeitpunkt erkannte man die Heilkraft dieser Fontänen für eine gewisse Anzahl von Beschwerden, unter anderen: Rheumatismus. Auch heute noch kann man einen Teil dieser Originalbäder besichtigen sowie die Restaurationsarbeiten, die an ihnen vorgenommen wurden.

In der Region von Soufrière werden die Touristen stark von den hochragenden majestätischen Gipfeln der 'Pitons' beeindruckt. Die Kühnsten unter ihnen unterliegen sogar der Versuchung, sie zu besteigen. Man kann in Soufrière eine Rundfahrt per Schiff machen sowie einen Ausflug zu den Schwefelquellen zu denen auf der Insel eine Strasse führt.

An den verschiedensten Wasserfahrzeugen, die die Abenteuerlustigen zu den pittoresken Rundfahrten einladen, fehlt es auf der Insel nicht. Der Reisende fährt gern an der Westküste der Insel entlang, an der sich zahlreiche Sandstrände befinden, die von hohen Klippen getrennt sind.

Niemand kann behaupten, die Insel wirklich besucht zu haben, wenn er sich nicht nach 'Morne Fortune' begeben hat (Goodluck Hill: 'der Hügel des Glücks'), Hügel, der die Stadt Castries überragt. Denn dort findet man die hauptsächlichen Schlachtfelder der Kariben.

Beim Besuch von 'Morne Fortune' können die Touristen die 'Batterie der Apostel' (the Apostels Battery) besuchen. Es handelt sich da um eine Befestigung aus dem 19. Jh. Ihr Name rührt von den vier Schiessscharten her, in denen je drei Kanonen von 25,4 Kaliber aufgestellt waren, die sich gegen Panzerkreuzer sehr nützlich erwiesen; die Kaserne Combermerre (drei Mitte des 19. Jh. erbaute Gebäude); das Totendenkmal (the Inniskilling Monument), das zu Ehren der 27. Königlichen Füsiliergarde errichtet wurde, zum Andenken an die Schlacht von 1796, in deren Verlauf sie Morne den Franzosen entriss; den Saal der Garde; die Pferdeställe und die Zellen (the Guard Room Stables and Cells), die aus dem Jahre 1770 stammen; die Kaserne 'Iron Barracks', die von 1829 bis 1833 erbaut wurde; die 'Feldschanze der Vögte' (Prevost's Redoubt) - auf der aus dem Jahre 1782 stammende Kanonen aufgestellt waren und der 'Military Cemetery', der zum erstenmal im Jahre 1782 benutzt wurde. In ihm ruhen die sterblichen Überreste französischer und britischer Soldaten sowie die von sechs ehemaligen Gouverneuren von St. Lucia.

'Pigeon Islet', im Norden der Insel, das für immer der Geschichte seinen Stempel aufgedrückt hat, seit der britische Admiral Rodney es verliess, um die französische Flotte im Jahre 1782 zu schlagen. Es wurde dann später in einen Nationalpark umgewandelt. Dort findet man ebenfalls die Ruinen von Militärbefestigungen.

Die Touristen können aber auch andere interessante Stätten besuchen, wie z.B. 'Paix Bouche', Geburtsort der französischen Kaiserin Joséphine, die dort im Jahre 1763 geboren wurde (dort befinden sich ebenfalls die Ruinen ihres Geburtshauses). Man kann auch Ausflüge unter Führung machen, Bergbesteigungen, Rundfahrten auf dem Land sowie Promenaden zu Wasser.

Heutzutage bringt der Tourismus St. Lucia einen grossen Teil seiner Devisen ein.

Verschiedene Hotels bieten ungefähr 3.000 Betten an. Man kann ebenfalls bei den Einwohnern als Zahlgast übernachten sowie auch Appartements mieten.

Cap Estate, das früher einmal eine der grössten Zuckerdomänen war, ist heute 2.000 Morgen hochgelegene, bergige und grünende Erde, die sich bis zum Meer hinzieht. Die Cap Estate St. Lucia Ltd., eine Gesellschaft der Insel, verwaltet sie und hat sie zu einem idealen Ferienwohnort gemacht. Man findet dort unter anderem einen Ranch mit seinen reinrassigen Rinderherden und schönen Ställen; eine wundervolle, von Stränden umgebene Bucht; einen herrlichen Golfplatz mit Bar sowie einen mit allem Nötigen ausgestatteten Club.

St. Lucia verfügt ebenfalls über zahlreiche wohlausgestattete Geschäfte, in denen der Tourist karibische Schmuckstücke, an Ort und Stelle hergestellte Parfums, Stoffe, Holzskulpturen usw. finden kann, die ihm dort sehr wohlfeil angeboten werden.

Von den Karibischen Inseln ist St. Lucia die einzige, die über zwei zivile Flughäfen, mit direkter Verbindung nach Nordamerika und Europa, verfügt.

All luxury hotels on the island have swimming pools.
Tous les hôtels de luxe de l'île ont une piscine.

Todos los hoteles de lujo de la isla tienen una piscina.
Alle Luxushotels der Insel besitzen ein Schwimmbad.

Yacht marina with part of Vigie airport in background. St. Lucia has two airports, the other being Hewanorra International at Vieux Fort in the south, which handles jet traffic.

Marina avec vue partielle sur l'aéroport de Vigie en arrière plan. Ste Lucie a deux aéroports : le second, Hewnorra International à Vieux Fort, au sud, s'occupant du trafic civil (gros réacteurs).

Marina, con vista parcial del aeropuerto de Vigie al fondo. Santa Lucía tiene dos aeropuertos: el segundo, Hewanorra International en Vieux Fort, al sur, se ocupa del tráfico civil (grandes reactores).

"Marina" (private Bootanlegestelle) mit Teilansicht des Flughafens von Vigie im Hintergrund. St. Lucia besitzt zwei Flughäfen: der zweite, Hewanorra International, in Vieux Fort, im Süden, dient dem Zivilverkehr (grosse Düsenflugzeuge).

St Lucian youth displaying pieces of sulphur from the Sulphur Springs.
Jeunes de Ste Lucie exposant des blocs de soufre provenant des Sources Sulfureuses (Sulphur Springs).
Jóvenes de Santa Lucía exponiendo sus bloques de azufre procedentes de los yacimientos sulfurosos (Sulphur Springs).
Junge Leute aus St. Lucia stellen Schwefelblöcke aus, die aus den Schwefelquellen (Sulphur Springs) herrühren.

Popular St Lucian wood carver and some of his works.
Sculpteur sur bois de Ste Lucie et quelques-unes de ses oeuvres.
Escultor de madera de Santa Lucía y algunas de sus obras.
Holzschnitzer aus St. Lucia mit einigen seiner Werke.

Blue sea, sandy beach and lush green vegetation.
Mer émeraude, sable doré et une luxuriante végétation.
Mar color de esmeralda, arena dorada, vegetación frondosa.
Azurblaues Meer, goldener Sand, üppige Vegetation.

The Pitons in the background surrounded by lush green vegetation.
Les "Pitons" en arrière plan, entourés de végétation luxuriante.
Los "Picos" al fondo, rodeados de una frondosa vegetación.
Im Hintergrund, die "Pitons", von üppig wuchernder Vegetation umgeben.

Fumes rising from the Sulphur Springs at Soufrière.
Vapeurs émises par les sources sulfureuses de Soufrière.
Vapores emitidos por los yacimientos sulfurosos de Soufrière.
Die von den Schwefelquellen in Soufrière ausgehenden Dämpfe.

FLORA AND FAUNA

St Lucia is rich in flora and fauna - so rich that the natives themselves take for granted the wide variety of exotic plants and animals, some of which are unique to the island.

In recent years, there has been an official campaign to identify these plants and animals to St Lucians and have them accepted as part of the national heritage. The drive has created a new awareness of the extent to which efforts at conservation of certain species are now in force.

Like most tropical islands, St Lucia has a wide variety of colourful, beautiful and interesting flowers such as hibiscus, flamboyant, frangipani, daffodil and lilies like anthurium.

Fruit trees are plentiful. Large banana plantations are situated in the valleys while agricultural plants can be found everywhere.

In the interior is the rain-forest region where the vegetation is a luscious green.

Both the iguana and the parrot known as "Amazona Versicolor" are native to St Lucia. The parrot is an endangered species and can be seen in the rain forest, which is its natural home. To protect the parrot, now acclaimed as St Lucia's National Bird, a 1600 acre nature reserve is being demarcated in the centre of the island.

Five species of snakes have been recorded. Of these one is extinct. There are also several genera of lizards, including the iguana and tree lizards which are abundant in the lowlands but comparatively rare in the rain forest. Other animals of interest include the mongoose and the agouti (oppossum).

Lately St Lucia has been placing great emphasis on protecting its flora and fauna. A new "Wildlife Protection Ordinance" is in force, captive breeding programmes for the St Lucia parrot are being contemplated and a new "Forest Conservation Ordinance" is to be introduced.

FAUNE ET FLORE

La faune et la flore de Ste Lucie sont très abondantes. Si abondantes, à vrai dire, que les originaires de l'île trouvent tout naturel qu'il y ait une telle variété de plantes exotiques et d'animaux, dont certains sont uniques à Ste Lucie.

Ces dernières années, une campagne officielle a été lancée : il s'agissait pour les habitants de Ste Lucie d'identifier cette flore et cette faune et de la considérer comme partie intégrante du patrimoine national. Cette propagande a fait prendre conscience de certaines valeurs, si bien que de nombreux efforts sont déployés à l'heure actuelle, afin de préserver certaines espèces.

Comme la plupart des îles tropicales, Ste Lucie possède une variété de belles fleurs, passionnantes et aux couleurs vives, telles que l'hibiscus, le flamboyant, le frangipanier, la jonquille ou le lis (l'anthurium par ex.). On trouve de nombreux arbres fruitiers. Citons par exemple les plantations de bananiers, situées dans les vallées tandis que les plantes agricoles poussent un peu partout.

Les forêts recouvrent l'intérieur du territoire et la végétation y est luxuriante.

L'iguane ainsi que le perroquet, connus sous le nom de "Amazona Versicolor" sont originaires de Ste Lucie. Les perroquets, que l'on peut voir dans la forêt tropicale, où ils habitent, sont une espèce en voie de disparition. Pour protéger ces derniers, qui sont actuellement considérés comme les oiseaux-type de Ste Lucie, on a délimité une réserve naturelle de 650 hectares au centre de l'île.

On compte cinq espèces de serpents à Ste Lucie, dont l'une a disparu. Il y a également plusieurs sortes de lézards, dont l'iguane et le lézard des arbres, qui sont très abondantes dans les plaines mais relativement rares dans la forêt tropicale. La mangouste et l'agouti (Oppossum) sont également des animaux intéressants.

Récemment, Ste Lucie a mis tout particulièrement l'accent sur la protection de la flore et de la faune. Un nouveau décret de protection de la faune et de la flore est actuellement en vigueur, un autre pour la sauvegarde de la forêt est en cours d'étude et on envisage de mettre sur pied un programme d'élevage de perroquets en captivité.

FAUNA Y FLORA

La fauna y la flora de Santa Lucía son muy abundantes. A decir verdad tan abundantes que los nativos de la isla encuentran muy natural que haya tal variedad de plantas exóticas y de animales, algunos de los cuales se encuentran únicamente en Santa Lucía.

Estos últimos años se lanzó una campaña oficial: se trataba que los habitantes de Santa Lucía identificasen esta flora y esta fauna y la considerasen como parte integrante del patrimonio nacional. Esta propaganda puso en evidencia ciertos valores, de manera que en el momento actual se despliegan muchos esfuerzos con el fin de preservar ciertas especies.

Como la mayoría de las islas tropicales, Santa Lucía posee una gran variedad de hermosas flores, apasionantes y de colores vivos, tales como el hibiscus, el ceibo, el amancayo, el junquillo o la azucena (el anthurium, por ejemplo). Existen numerosos árboles frutales. Citemos por ejemplo las plantaciones de plataneros, situadas en los valles, mientras que las plantas agrícolas brotan en todas partes.

Los bosques recubren el interior del territorio, con una vegetación muy frondosa.

La iguana así como el loro, conocidos bajo el nombre de "Amazona Versicolor" son originarios de Santa Lucía. Los loros, que pueden verse en la selva tropical, donde habitan, constituyen una especie en vias de desaparición. Para proteger estos últimos, que son considerados como pájaros - tipo de Santa Lucía -, se ha delimitado una reserva natural de 650 hectáreas, en el centro de la isla.

Existen cinco especies de serpientes en Santa Lucía, una de las cuales ha desaparecido. Hay igualmente varios tipos de lagartos, entre ellos la iguana y el lagarto de los árboles, muy abundantes en las llanuras, pero relativamente raros en la selva tropical. La mangosta y el agutí (oppossum) son igualmente animales interesantes.

Recientemente, en Santa Lucía se ha hecho hincapié de modo muy especial sobre la protección de la flora y la fauna. Actualmente hay en vigor un decreto para la protección de la fauna y la flora, existe otro en proyecto para la salvaguardia de los bosques y se estudia un programa para la cria de loros en cautividad.

FAUNA UND FLORA

Fauna und Flora von St. Lucia sind überschwänglich. So überschwänglich, dass sogar die Einheimischen der Insel es ganz natürlich finden, dass es dort eine solche Varietät von exotischen Pflanzen und Tieren gibt, von denen einige nur in St. Lucia zu finden sind.

In den letzten Jahren war eine offizielle Kampagne vom Stapel gelassen worden: es handelte sich darum, von den Einwohnern St. Lucias diese Flora und Fauna identifizieren zu lassen, sodass man sie als einen, vom Nationalerbe nicht zu trennenden Teil des Ganzen betrachten konnte. Diese Propaganda hat dazu geführt, dass man sich gewisser Werte wieder bewusst wurde, sodass heutzutage zahlreiche Bemühungen im Gange sind, die darauf hinzielen, gewisse Gattungen zu schützen.

Wie ein Grossteil der tropischen Inseln, so besitzt auch St. Lucia eine grosse Varietät von schönen hellfarbigen Blumen, wie z.B. Hibiskus, Poinciane, Franzipan, Narzissen und Lilien (z.B. 'anthurium'). Man findet ebenfalls zahlreiche Obstbäume. Nicht zu vergessen, die in den Tälern befindlichen Bananenplantagen; dagegen kann man landwirtschaftliche Pflanzen überall antreffen.

Täler bedecken das Innere des Territoriums, wo die Vegetation sehr üppig ist.

Der Leguan sowie der unter dem Namen 'Amazona Versicolor' bekannte Papagei sind ebenfalls in St. Lucia heimisch. Papageien, die man in den tropischen Wäldern vorfindet, sind eine im Verschwinden begriffene Art. Um sie zu schützen - werden sie doch als die für St. Lucia typischen Vögel betrachtet - hat man im Zentrum der Insel eine 650 ha grosse natürliche Reserve angelegt.

In St. Lucia findet man fünf Arten von Schlangen vor, von denen eine jetzt ausgestorben ist. Es gibt ebenfalls mehrere Eidechsenarten: den Leguan, die Baumeidechse, die in den Ebenen sehr häufig vorkommen, die aber in den tropischen Wäldern relativ selten sind. Mangusten und 'Agutis' (Beutelratten) sind ebenfalls interessante Tiere. In den letzten Jahren hat sich St. Lucia den Schutz seiner Flora und seiner Fauna besonders angelegen sein lassen. Ein darauf hinzielendes Dekret ist seit kurzem in Kraft getreten; ein anderes, dass den Schutz der Wälder betrifft, ist ebenfalls vorgesehen. Man will auch ein Programm für in Gefangenschaft aufgezogene Papageien aufstellen.

Amazona versicolor.

118

Young birds in their nest shortly after hatching.
Oiseaux nouveaux-nés au nid.
Pájaros recién nacidos en el nido.
Vögelbrut im Nest.

One of the many lizards which inhabit St Lucia.
Un des nombreux lézards que l'on peut rencontrer à Ste Lucie.
Uno de los numerosos lagartos que se pueden encontrar en Santa Lucía.
Eine der zahlreichen Eidechsenarten, die man in St. Lucia entdecken kann.

The Iguana, a native of St Lucia.
L'iguane : un lézard originaire de Ste Lucie.
La iguana: un lagarto originario de Santa Lucía.
Der Leguan: eine in St. Lucia heimische Eidechsenart.

Pigeon Islet (left) and sandy beach near "St. Lucian" hotel in the north of the island.
Pigeon Islet (à gauche) et plage de sable près de l'hôtel "St Lucian" au nord de l'île.
Pigeon Islet (a la izquierda) y playa de arena cerca del hotel "St Lucian", en el norte de la isla.
Pigeon Islet (links) und Sandstrand in der Nähe des Hotels "St Lucian", im Norden der Insel.

HALCYON BEACH HOTEL

LA TOC HOTEL

MALABAR BEACH HOTEL

MALABAR HOTEL

LA TOC HOTEL

CARIBLUE HOTEL

ST LUCIAN HOTEL

HALCYON DAYS HOTEL

Imprimé sur les presses de DELROISSE VENDEE
Réalisation Editions DELROISSE
107-109-113, rue de Paris - 92100 BOULOGNE - France

Photos : Christian ZUBER
sauf pour les fleurs qui sont de STUDIO PABLO
Map of St. Lucia courtesy of Sydney BAGSHAW
Texte : Guy ELLIS

Exclusivity for the sale, St. LUCIA and CARIBBEAN ISLANDS
Michael GORDON
P.O. Box 161
CASTRIES - St. Lucia WI

Dépôt légal N° 869
ISBN 2-85518-081-3

NORTH AMERICA

NEW YORK

MIAMI

PACIFIC OCEAN